秦文君／著

# 孩子，妈妈一定有办法

作家出版社

# 目 录

# 1. 宝贝驾到

如果把婚姻比作围城，围城外的人想冲进去，围城里的人却想着突围。那么，做母亲恰恰是反义词，它仿佛是一座魔城，绕城而过的女子，可以逍遥自在地走开去，而女子一旦做了母亲，即便被推着挤着，也不愿离开魔城，失去母亲这角色。一个人为人母之后，仿佛就没法过没有孩子的日子了。于是，再多的辛劳愁苦，也仍是心心念念地守着，这份乐此不疲、流连忘返的魔力，也许就叫无悔吧。

对于这一点，智利女作家米斯特拉尔在一篇随笔中有绝妙的描写。在她的笔下，怀孕的女子“呼吸中有一丝花香”、“腹部宛如我的心那样崇高”，她把女子怀孕生孩子，说成是“一个怀着爱的人，她的爱情在要求天长地久”。米斯特拉尔的表述很诗意，很神圣，激情澎湃，甚至使人心摇神曳，遐想联翩。

对于一个女子而言，为人母真是一个诗意的提升，它使得内心的母性得到焕发。当一个母亲傍着摇篮里的婴孩而坐时，心情是虔诚而柔软的，目光里充满爱和怜悯，她能看明白生命的美好灿烂，对周围的一切忧郁敏感，充满善意，即便这时有个不相干的、眼神里藏有痛苦的人从她身边路过，她也能细致传神地体察到。有时候她见到大树低垂着树冠，也会疼惜它，因为她会想到“树木也有熟睡的孩童吧”。

为人母的诗意和高尚来自新生命的诞生，幼小的孩子多美，天然娇嫩，他们的灵性构成了生活中的奇迹。宝贝驾到后，由孩子带来的惊喜就

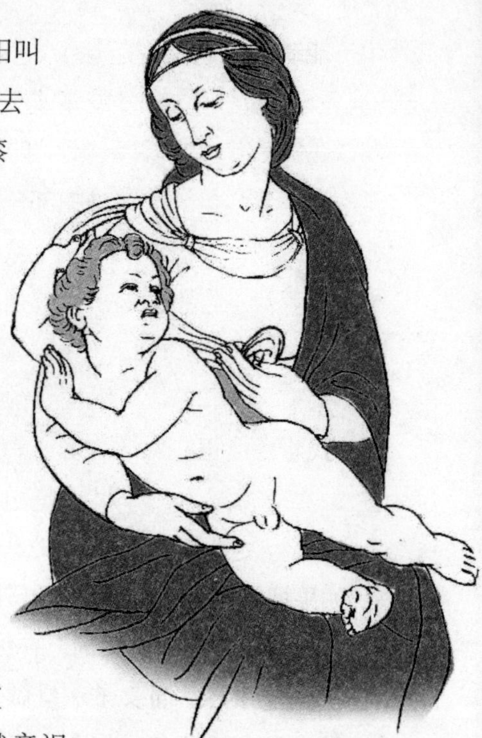

没断过：孩子爱在草地爬动，孩子管太阳叫太阳公公，孩子夜间醒来要求母亲陪着去结识星星，孩子会一骨碌爬上双亲的膝头，孩子的未经雕琢的无忌童言被大人们欣喜地传颂。

幼童的天真美妙，对妈妈的无限依赖，时常令母亲们绽开笑脸，感恩为人母的幸福。同时也真挚地为孩子筑起了爱的屏障，把最好的一切给孩子，把现实生活中的粗糙和缺陷挡在身后，这时候母亲的心里满是单纯的理想，要把幸福给可爱的宝贝，这几乎是每一个母亲的天然的初衷。

但是孩子一天天地长大，当我们从宝贝驾到后的喜悦中清醒过来时，才会猛然意识到养育一个孩子不仅仅是诗情画意，陪伴和教育一个孩子成长多么劳心费神，那仿佛是无穷无尽的高强度的紧张的不停息的劳作，其间会伴随着流泪，失望，无助，心痛，甚至有时觉得心都操碎了，要崩溃了。

当然也有甜蜜可心，无论多艰难，只要想起自己宝贝的音容笑貌，我们都会心软，爱意绵绵，我们无悔无怨地为孩子奔波。每当看到孩子快乐了，进步了，终于闯过人生的一个个小关口，母亲那颗心便开始飞翔，那是一种世界上最纯粹的舒心。母亲们看到孩子获得成功、幸福，为何会喜极而泣？那说明我们对于延续自己生命火花的孩子的幸福是那么在意，难以言说。母亲那由爱和责任支撑着的心怀是如此宽大，暗暗地契合了大自然对于生命进化的使命。

母亲的自豪、庆幸，怎么也不为过，伴随着孩子的成长，母亲付出了多少最温暖最崇高的爱。然而，如果孩子能够理解母亲付出的爱和辛劳，同时，孩子也把爱和尊重给予母亲，并且暗自庆幸自己有这样的母亲，那么，一切就会更完美。

养育一个孩子，真是艰难。成长面临着无数的选择，孩子的成长，父母不能缺位，也不能越位。它的难度是，孩子来到世界的时候是带着自由的心，每个孩子本身都或多或少地拥有一些天赋。如何尊重孩子与成人的不同，在保持孩子的个性、优点的前提下，让他或她成为一个无愧于社会和家庭的人。养育孩子的最难的部分，仿佛孩子在学自行车，最初的时候父母要在边上拉紧，不然孩子就摔着了，容易头破血流，可是父母又要适时地松手，由其自主，不然孩子被耽误了，永远学不会，走不稳，无法去无限风光的远方。

其实，在我的孩子20岁之前，我几乎天天在这么忙乎着，拉紧，松手。不过我想自己正在做最有价值的事情：帮助孩子找到幸福，尽可能拥有孩子自己最闪亮的人生——我就是抱着这样的想法才一路坚持过来的。因为我的女儿袅袅，她聪明可人，但又精灵顽皮，性格里有不安于现状的活力，脑子里总有奇思怪想。

当初我们并没有意识到自己的孩子会那么微妙，我们只想会有一个聪明安静的漂亮女儿。女儿出生前，我们就把她的名字取好了，我和丈夫一人各出了一个自己最喜欢的字，他最爱“萦”字，我最爱“袅”字，“萦袅”合在一起就是“美好的升华”的意思。当然，起这名字的另一个动机是，它不大可能与别人重名。从那时起我就有种预感，常常想到这样的场面：穿着宽大柔软的衣服，怀里抱个洋娃娃一般漂亮的女婴。然而，在这巨大的谜底揭晓时，远远地看了一眼我的袅袅，心里涌出的只是激动和莫名的慌乱，措手不及：她实在太小了，太软弱了。甚至还不及洋娃娃那么精神十足。

护士把她抱给我，她热烘烘地挨过来，尖着嘴唇像觅食雏鸟。在母女相触的刹那间，我感觉到我们已永远难分难舍了，连我自己都是刚刚意识到，心灵深处早已为这世上最需要我的人留下了位置。半小时后，护士推小车来接走了她。当时的医院，规定母婴分开，保证做母亲的有足够的休息。我跟在车后，好似有人抢夺了我女儿。夜里婴儿室传出的哭声，激起我内心的隐痛，总觉得是我的袅袅在向母亲呼救。有好几次，我都想抱着她从医院逃出去，让她一分一秒不离开我……

自从做了人母，我对孩子成长中的一些事情很用心，也时常提醒自己不能变脸，不能忘掉当父母的初衷：做小孩的朋友，不做统治者。我和她尽量像朋友一样相处。但是袅袅从生出来到现在，我和她的母女关系中，同样有教育和反教育的冲突，有两代人的斗智斗勇。孩子并不会对妈妈言听计从，哪怕妈妈是百分之一百的正确，更何况，谁也不是神，每个妈妈少不了做出一些错误的判断，也有面对孩子束手无策的时候。可是，只要有爱和智慧，妈妈还是能够找出奇妙的办法，一定的。

我很感恩，在伴随孩子成长的过程中，母亲也能长大，变得宽容，睿智，通透，坚强无敌，这样更能引领孩子找到幸福，这种升华何尝不是为人母的诗意呢，那也是上苍最好的赐予。

## 2. 藏在小铃铛里的起跑线

袅袅出生后，这桃形小脸的婴孩就成了家庭的中心。

要让孩子成为这温暖家庭的一员，家人彼此相爱，还要彼此合拍，和谐，有共同语言，一起去找寻幸福前程，好习惯是至关重要的。在人生的第一个阶段，要让孩子养成良好的生活习惯和行为习惯。好习惯是一个个慢慢培养起来的，一个孩子如果习惯培养好了，未来的生活、学习、发展仿佛有了扎实的奠基，笔直的轨道，顺着前行寻找幸福不容易出现大偏差，我感觉好习惯是孩子开始美好人生的第一步。

记得刚开始，初为人母，从产院回家的那天，我感动极了，抱着女儿走遍家中的每一个角落，低声告诉她，快认识你的家！一边催促丈夫去买大把的鲜花，把家里布置得如花似锦，这个家是她生长和栖息的乐园，直至有一天她有了新家，另立门户，她还是这个家里最娇贵的公主。但是袅袅并不配合，不要那些诗情画意，和所有的初生儿一样，小婴孩可爱、欢乐，但是从进入家门的第一天起，她就像一个不安的小兽，是散漫、自我，情绪不宁的，一旦感觉不顺心，不舒服就放声怒嚎。连作息时间都是乱的，白天呼呼大睡，夜里手舞足蹈，或者吵闹不休。我早就想好，要给女儿最大的自由。可惜，回家不到三天就发现这纯属纸上谈兵。按小家伙的意愿最好是白天睡觉，夜里没命地哭；更令人心焦的是，她似乎不喜欢牛奶，看见奶瓶就号啕大哭。我只能当恶人，逼她吃奶，因为这么一天天饿下去，她会瘦得像面包干。于是看见妈妈女儿就噘嘴，哭兮兮的。可她的小脸却一天天鼓起来，半夜，摸着她的小脸，看着她像花一样慢慢绽开，当妈妈的如释重负，一边轻轻地捶着腰。

天生的宁馨儿也许是有的，但我们没有遇上。我很快意识到，如果想得到一个如理想国里的宁馨儿那样的孩子，是需要花费力气逐步培养的，教育也像耕耘一样，种什么，就得什么。教育的第一步，我格外地花些心思来帮助袅袅“调整时差”，建立良好的作息时间。几个月后，见了成效，她的作息时间非常合拍了。到了她周岁时，我们能通过话语交流得很好了，我特意买了一个很漂亮、很好玩的铃铛，用这个铃铛来帮助她按时睡觉，建立作息时间。晚上九点钟到了，我就会摇动这个铃，她听到清脆的铃声，马上就心领神会，知道该睡觉了。如果这天晚上她特别兴奋，九点钟还不想睡觉，我就会过一刻钟再摇摇这个铃，继续暗示她。假如她这一天拖到了九点半才睡，那么我也不会很急躁不安，因为培养习惯是长期性的，所以不是完全刚性的，而是可以有柔性和弹性的。第二天晚上我会提前跟她说，你昨天睡晚了，今天要早一点，让她先有个心理准备。到了九点钟，我准时摇铃，帮助她慢慢调整过来。时间管理很重要，孩子必须要有时间概念，那是理性的一部分，不然糟糕的习惯会在她安排以后的生活时带来麻烦。

这个小铃铛的优美铃声，在我们家持续地响了10年，直到袅袅长大，应该有自制能力的时候，我才不做“摇铃妈妈”了。直到今天，这小铃铛还放在我家最醒目的壁炉上，好像一个传家宝，我们都习惯有它的存在了。

习惯是一个人的根源，写着一个人的来历，它还能区分这样的人，或那样的人，有教养的人或者恶俗无礼的人。当一个孩子要成为一个高尚的人，那么，除了灵魂需要美丽，好习惯也得有一番建立。

## 3. 最早的果子不一定最甜

教育应是一扇门，推开它，满是阳光和鲜花，它能给小孩子带来自信、快乐。所有的设置都可以不慌不忙，有条不紊，因人而异的。

孩子有天性，哪怕很小，梦想中也有爱、尊重与理解，教育从这里起步会比较顺畅。可是我们都只有一个孩子，孩子是家庭唯一的宝宝，新妈妈又没有做母亲的经验，所以做妈妈的很容易患上集体忧虑症，我看见一个数字，说对新妈妈进行了抽样调查，百分之八十以上的新妈妈赞同身心健康比学习知识更加重要。但其中百分之六十五的新妈妈觉得孩子不能输在起跑线，竞争起于胎教。报纸上说，上海小孩养到六岁，平均花费12万。费用中有奶粉、尿片，早教的费用也不少。

我当时没有给袅袅上什么早教班，可是也有过将信将疑的时候，古话说三岁看老，在那特定的时期，这话让我感觉有一种紧迫感，看到幼小的袅袅要有几手本领，显示出一些不凡的痕迹，才心安，不然就不妙了，要落后了。袅袅一岁的时候，会跟着录音机里念的唐诗哼哼了，后来我们念前面的，她会加最后一个词了，比如我们念“春眠不觉”她会接“晓”，我们念“处处闻啼”，她会接“鸟”，我们念“夜来风雨”，她会接“声”，我们念“花落知多”，她再接“少”。

袅袅两岁的时候已能背“好雨知时节，当春乃发生。随风潜入夜，润物细无声”等好多首唐诗，数数数到30，三岁半的时候她的小嘴能准确地说英语单词100个左右，我丈夫听说音乐功力无边，于是家中终日响着为女儿启蒙的音乐；认识到手的发展很重要，所以就成天掰她的小手，教她比比划划。

大家都说袅袅的聪明和硕大的脑袋有些关联，我们也开始留意，给她的食谱几乎天天有鱼虾，还时刻提防她摔跤碰伤那个宝贝脑袋。可惜尽管草木皆兵，保护得很好，但她仍不断地创纪录：从沙发上滚下来了，脑门磕着地了，从椅子上摔出来了，脑袋卡进两件家具的夹缝里去动弹不了了。每一个纪录都令我们心惊，担心她的灵气还会不会延续。好在袅袅像个软体动物，仿佛不怕小摔小打，我们开始注重大的环境安全，放手了后，她小摔小打的次数多了，自己开始总结出经验，反而很少有惊险动作了。

有一天，我带袅袅出门散步，遇到了她同一个托儿所的小朋友，袅袅喜欢小朋友，她兴奋不已，两个小孩在草地上奔跑玩耍，那小朋友的鞋带散了，被袅袅踩着了，两个人一起摔倒了。那小朋友起身后，见袅袅要拉扯她的鞋带，犹豫了一下后开始系鞋带，几下就系得又紧又好。小朋友的妈妈惊叫起来，说从一岁半起，她就教孩子系鞋带，可是不论怎么尽心教，孩子就是学不会，为了这个，她还打过小孩，可是就在今天小孩一下子自然而然就会了，这位妈妈说后悔当时那样做，当孩子的能力还不够，没有准备好，逼着她做这些，其实枉费了很多。

正说着，我发现两个小孩看那些彩色的蝴蝶看呆了。她们还喜欢蚯蚓，蹲在那儿看它们扭动，嘟哝说要跟它们回家，流露出满脸的羡慕。她们羡慕小虫可以独自出门；蚯蚓可以钻进泥地；蝴蝶可以一整天在花园里嬉戏。袅袅的小脸上还有淡淡的伤感。我很难过，也许她真不如这些小生灵那般自由、欢快。她爱一草一木，爱生活，爱自由，爱做性情中人，这何尝不是一种不凡呢？许多成人失却了这些宝贵的单纯，生活变得不那么纯洁、高贵。

于是我审视了这一切，袅袅当时学的英语、唐诗那些意义不大，是雕虫小技，她会背是熟悉了其中的音律，孩子并不理解，也不会真心去爱，去领会，去痴迷。

我的初衷是让袅袅活得更自然欢乐，更富有天性。让其在舒展心灵的同时领略到孩童的单纯，从自然和更广大的意义中学会生活，体验美好。因为她是我的孩子，所以我更不能强她所难，就像不愿强自己所难一样。

我让她做自己喜欢的事情，符合她心性和认知水平的，还给她念很多童谣。跟学唐诗不一样，她听入了迷。后来学会了唱反调。我唱："小兔乖乖，把门开开，妈妈回来了。"她就创作了一首："小兔不乖，门儿不开，妈妈进不来。"

我教袅袅认识颜色，了解各种颜色的调和和搭配，奇怪的是，她居然会许多我没教过的东西，比如能指出自己哪件衣服颜色漂亮，会把玩具按颜色的深浅一样样排好。

从此，我时常提醒自己想着不能变脸，不能忘掉当妈妈的初衷：不做统治者，让孩子幸福成长。这么一清醒，便将妈妈做得甚得人心；别的小孩在英语班死记ABC时，我们的小孩刚看完《花仙子》，并给自己起了个比主角更诗意的英文名叫艾丽丝；别的小孩在父母叫骂声中学这学那时，我在同臬臬的钢琴教师商量：为了不使臬臬厌烦，曲子好听点，每次少教些行不行？

但是做这样的妈妈是要承受心理压力的，因为进一流的小学当时都要有“面试”，然而出的入学考试题却深得只适合受过训练，或是那个小学直属的幼儿实验班之类的幼儿，并非那种自然成长的聪明小孩所能问津。虽然臬臬很早就能把账算得分毫不差，可公认的有本事的孩子都会背的乘法口诀她还不会；她偏爱舒伯特的曲子，很会欣赏，但大声唱歌的小朋友才会在音乐课上得红星。有的孩子很早就认识很多字了，但是臬臬是用自然的方式来识字的，阅读中认识一些就认识一些，猜出一些就猜出一些。我觉得字早晚都会认识的，学前懂一些常见的字，出门或者读书时能增加趣味，好玩，自我感觉也会好一点，但刻意学很多没有必要，还不如学一点永久性的东西，在记忆力和注意力、理解力方面开发。

记得当时两个有小孩正在读书的朋友看我这样散漫，马上跑来现身说法。有个朋友一向脱俗醒世，不料也沦为陪读父亲，一周数次领着儿子拜师补课。听说补课的小孩多得挤满了教师的斗室，家长们只能蹲于那狭窄走廊的水泥地上苦苦等待，朋友在那儿想必没少喝西北风，但却是一脸的在所不惜，仿佛正走在潮流里。

另一个文友更是坦率，点着我说，千万别相信让小孩自然发展，谁不抓，谁吃亏。我与他辩，说小学这点课程，脑子没问题的小孩都能轻轻松松学下来，何必要灌上许多，弄得像一台考试机器。死记硬背，不仅扼杀创造力，更可怕的是，小孩读书读厌了，在你管不了他时他没有求知兴趣了，这样岂不是吃了赔账？他不和我辩，只说什么头脑奥林匹克，什么新概念不学，进重点中学难。我说不一定吧，再说即便是从重点大学出来的人中，也有无能之辈。他听火了，就像当年智叟笑愚公一样笑了笑。

好在，臬臬入学后很顺畅，入学前她认识的字不算多，但是通过绘画，她拿笔自如，手指灵活，入学后写字很流利，她的记忆力从学琴、背琴谱上锻炼过一番，理解力在阅读中提升了，所以对各项学业能轻松驾驭，对数学方面，因为存有兴趣，所以看见难一点的智力题也饶有兴致，到小学毕业的时候，她已经是全年级总分第二的学生了。在小学，背古诗好像不是她的特长，幼小时候的底子只是杯水车薪，不抵什么。到了中学，她的阅历和体验突飞猛进，理解了古诗的美丽意境后，开始对古诗喜欢非凡，把吟诵古诗看为一大乐趣。后来多次在区里和市里的古诗文大赛中获奖，还觉得不够尽兴，又和同学一起办起了诗社。她不仅喜欢王维、李贺、李白的诗作，对诗人的生平熟得不行，后来还对口口相传的汉乐府很是陶醉，觉得那民间的机智与学院派的诗有着相当不同的美感。

## 4. 三个“动”激活孩子的能量

首先是参与活动，孩子一到二十岁是这样，也许一生都需要活动。臬臬是我的孩子，更是那一群人中的一个，让她参加各种活动，能和同年龄或不同年龄的人接触，共享很多经验，学会合作，体会成长是何等关键，特别同龄人之间有很在意的规则，活动中常常有令人惊喜的收获。

臬臬和小朋友一起到动物园去玩鬼屋，结果轨道车中途停电了，小家伙们只能怪叫着从恐怖黑暗的地方冲出来，但她们有了一段历险记。事后，她们还一同去和动物园的管理方交涉，很能维权的。另一次臬臬参加万科广场想象画比赛，成为那广场上成百上千的参赛者之一，把大画纸铺在地上，一连数小时地完成她的杰作，浑身都是油彩，但是带回一个三等奖。还有一次臬臬去参加吹竖笛表演，吹的是德沃夏克的《自新大陆交响曲》，我和臬臬爸爸都前去助兴，我没想到孩子那么珍视集体的荣誉，表演时一丝不苟，甚至我和她打手势，希望她能朝我们看看，她都按照演出要求，凝视着正前方。

还有一次，臬臬要做一个演讲，很紧张，后来一个同学援引了她妈妈的经验，说："你初次演讲，会感到手脚没地方搁，说话哆嗦，胆怯害怕，可以把下面的人暂且看成是很多土豆和萝卜，那样可以缓解紧张感。"

臬臬小学时快乐的活动，还有跟几个小男孩和小女孩去同桌家做客，他们简直玩疯了，当场结为各种亲戚，成为一个家族的人。为了逼真，臬臬和另一个女孩把同学妈妈花哨的衣裙套上，把胸用棉织品隆一下，然后就像模像样地成了管理家族的大人。虽然这活动只是"办家家"类型的，但是孩子在担任模拟的重要角色中很放松自如，在一起谋划未来的时候充满热情，把模拟家族的事情安排得井井有条。

至于和学习有关的活动也很多，臬臬班里的外籍教师来上英语课，特别喜欢用英语设置场景故事，让大家参与。有几次，那外教设置的是他本人被谋杀了，希望学生们来"破案"，结果臬臬他们设置了惨案发生在一家拉面店，凶器只是一只烟灰缸，里面有妙趣横生的推理和机智的英语对白。在学校外语活动中，臬臬参与演白雪公主与七个小矮人，虽然只演了一个小矮人，但是整台节目的台词都是他们一起编的，她把那些朗朗上口的台词都记住了。

孩子参加的活动，可以是臬臬小时候，下雨天我和她一起躲在饭桌下"野炊"，想象正在一个树墩旁边。也可以是臬臬为过节日，烘托节日气氛，精心准备家庭布置。也可以是全家一起去看画展，听话剧，参观博物馆，出门拜访有意思的人，去医院探望病人，还有，参与各种帮助他人的志愿者的活动。

谈到劳动，在孩子成长的过程中也是特别重要的，特别是一些聪明的孩子，如果没有事情干，就会觉得非常无聊。安排孩子学会一些拿手的劳动，会增加信心和成就感。另外，这正是他们走向独立的好出口，他们的动手能力以及干练风格会在孩子群体中得到重视，而勤劳的品质最能铸造一个人的根基。在袅袅很小的时候起，大约三岁，我就派她每天早上去弄堂口为自己取牛奶，给她一个小篮子，用于装牛奶，起初她很紧张，每天奔跑着来回，后来从容了，拿牛奶回来的时候会在小篮子里装些青草、植物的果实回家，来探究那些东西的学名。她甚至还认识许多我们不认识的人，比如保姆的同乡，或者弄堂口卖茶叶蛋的打工妹……我尊重她的交际圈，她的劳动热情，因为在我的心里出现个模模糊糊的声音：她是我的女儿，但她更是她自己。她正在自立，并且逐步学会生活技巧。后来，我和袅袅一起去超市购物，我会准备两个袋子，一大一小，起初是我拿大的，重的袋子，她长大后，大的重的袋子就由她包揽，有的时候走到半路，我想和她对换，可是她笑着摇头，很有成就感。所有的孩子都想早日确立自我，劳动也能使孩子明事理，找到成长的动力，劳动的成果更能使人感觉到安慰、快乐，甚至荣耀和希望。

至于运动，每个人都知道那有多重要。刚开始的时候，袅袅是个早产儿，长得小小的，很聪明，属于智力发达，体育平平的女孩。我期望她通过运动让身体强壮些，性格开朗坚强，所以陪她去爬山坡，然后冲下来。开始的时候她有些不适应，为了培养勇气，我咨询了体育老师，让她先跳楼梯玩，然后才去山坡上冲锋。后来我们还一起去爬铁壁山，登黄山。她练习跳远的时候，刚开始看见沙坑就发憷，好像那里有陷阱似的。我觉得可以先放弃，我们不是在和什么较劲，非要如何，只要爱运动就可以，所以就让她只管跳绳，仰卧起坐，后来发现她喜欢水，干脆动员她上游泳班学游泳，然后我又买了实心球，常常在家门口的平台上摆上投实心球的阵势。运动加强后的袅袅有一个显著的变化，晚上睡得很实，打雷是打不醒的。也不知道从哪一天起，她不害怕在沙坑上跳远了，看来各种运动之间是有相通的地方。运动是一种积极的生活态度，能强健身体，增强自信，也是孩子宣泄情感和不良情绪的方式之一。

有一次，一个家长来找我咨询，说他的儿子太内向，问怎么改变性格。我觉得可以先从体育运动着手，特别是男孩子不能“圈养”，要多一些户外运动，其实从孩子们校服上的污渍也能看出，男孩与女孩是不同的。男孩如果在体育方面没有一技之长，没有好的体魄和勇气，那是有点沮丧的事情。

臬臬进了大学以后，我还是关注她的运动生涯，比如早起跑步锻炼的事情，欣赏她打木兰拳的姿态。觉得运动量不够，我陪她一起上瑜伽课，打乒乓球，去跑步，走路兜风。运动永远是一种生活的姿态，其中有克服惰性的勇气，保持活力和克服不良情绪。

## 5. 找到小蚂蚁的家

每个孩子都会有最喜欢做的事情，可以在那种醉心和沉浸中享受到很多满足感，同时学到很多东西，培养兴趣，要鼓励孩子以自己喜欢的方式来了解世界万物，满足好奇心。有一次受朋友邀请，我带着臬臬去一个高级的旋转餐厅吃饭，在美味佳肴端上桌的时候，小家伙不见了。她正蹲在餐厅外的露台上，在花草堆里观察蚂蚁的忙碌。她目光炯炯，高度沉醉，那种发自内心的执着让我感动。她为了能找到小蚂蚁的家，把点心弄成碎屑撒下去，撅着屁股，跟着背着食物匆匆前行的蚂蚁走，都没心思吃饭。我并没有拉她去饭桌，只是为她准备一些干点，等到她饿的时候能充饥就行了，难得的一次，对身体无碍就可以。真的，少吃一顿美味大餐对于孩子来说没什么，当然，找到小蚂蚁的家也没什么，但是我觉得孩子能够长时间连贯地、专注地做一件事情却是很不容易的，我注重的是这一点。在她幼小的时候不论是在玩耍，还是在做事情，在她特别专注的时候我都由着她。因为，虽然废寝忘

食并不值得宣扬，但她正在建立做事情认真的习惯，这是多么令人欣喜。

平时我也很注重她对事物的专注程度，比如给袅袅买新玩具，看见好的也许一下子买几样，但是往往每次给一件，其余的藏起来，让她能对新玩具很上心，把玩具中的奥妙琢磨透彻。每当看见孩子专注于一件事情的时候，我尽量不去打扰她，路过她身边时都小心翼翼地踮着脚尖走路，像在学习跳芭蕾舞，让她有足够的完整的时间去投入正在进行的事情。并不是她正在做的这件事情有价值，而是透过这份执着，渐渐形成做事专注的习惯。

我的一个朋友曾经很苦恼，说她的孩子已经很大了，学习不专注，做什么事情都容易分心，缺乏“定力”，经过询问我才知道，那孩子从小被寄养在一个运动员的家庭，那家人来往的朋友特别多，每天都是进进出出的人，络绎不绝的人流带来的喧闹，使孩子从小就没法消停，更谈不上潜心去做些什么，缺少安静的环境。长期处在纷乱、匆忙中，孩子做事、说话、玩耍都会被打断，渐渐地，变得浮躁，不能投入地专注在一件事情上，一有风吹草动就分心。

做什么事都能持续的习惯也是培养出来的，孩子的定力、探究精神，也都可以在无数件不起眼的事情中逐步养成。做事情要认真，这不但是行为习惯，还涉及好的品质，对孩子的成长至关重要。

# 6. 诗意的故事袍子

孩子永远是向往交流和表达的，而语言是这一切的基础，孩子们的语言有口头语言、内心语言、书面语言，丰富而雅致的语言根子在于阅读。即便幼小的不认识字的小孩也需要有口头语言能力来表述意向，用内心语言来体察模模糊糊的心绪，形成虽然简单，但是必要的逻辑思维，给孩子讲故事能巧妙地将这一切完美地结合。

我很早就开始每晚给袅袅朗读故事，刚开始的时候一个故事需要讲数遍她才理解，后来对能理解的故事她也要求我讲很多遍，有时候都讲得口干舌燥，因为她听上瘾了，百听不厌。

有一阵，到了讲晚安故事的时刻，我会戴上专门准备的围裙，记得那是我的好朋友关夕芝送我的，我们把它称做故事围裙。我一戴上故事围裙，就变成故事妈妈了。这营造出一种非常温馨的阅读氛围，同时给孩子一种暗示，这是睡前故事时间了，孩子很快会安静下来，进入状态。

袅袅三四岁的时候，天真活泼，听熟了故事后，还喜欢翻阅图画书，点着画面上的小熊猫、小兔子、小姐姐编自己的故事，故事里的狐狸外婆、公公、舅舅等角色都安排得很有想象力，符合生活的逻辑呢。

她当时特别害怕洗发，怕洗头液弄进眼睛里，所以每次洗头她都要紧闭着眼睛，还要用小手捂住眼睛，而一旦什么都看不见了，她又感觉周围黑黑的，又孤独又恐惧。于是我开始选择在她洗头的时候给她讲有趣的故事，安慰她，慢慢地她对故事更喜欢了，然后我会告诉她这个故事从哪本书里来的，让她去看书，希望她能慢慢地从听升级到读。



但这是困难的，袅袅还是依赖于听故事而不愿意独立去看书。我又想了个办法，让她先熟悉、认识各种书，因为小孩子往往愿意亲近熟悉的东西，对此感兴趣。为了让她走近书，我会派她干一些活。比如说，“袅袅，你去书房帮我拿本儿童杂志。”结果她可能把童话书给我拿了过来，我会告诉她“这不是杂志，这是一本童话书”。过一会儿我又会说：“袅袅，你去帮我拿本妈妈写的书。”她可能会把别人的书拿过来。有几次，我让她去书房取《汉语词典》，为了加深她的记忆，故意事先将词典高高地放在她取不到的地方，可这小家伙知难而退，远远看上一眼，便说：“太高，拿不到。”然后就算交了差。隔了几天，《汉语词典》移下来了，她会拖着它送来，弄得我哭笑不得。但是我还是经常让她去找书，找儿童读物，时间长了，她对书的分类很熟悉了，对书橱里的书的排放也清楚了，后来让她去取书，她变得又精通又拿手了，俨然一个自豪的图书管理员。我觉得那熟悉书的过程很重要，因为此刻她对书产生一种亲近的情感。

父母的阅读习惯会直接影响到孩子。在西方，培养儿童阅读有两个渠道：一个是老师鼓励阅读，另一个是父母和孩子共读。往往从一岁半开始培养孩子的阅读习惯。一开始不要给孩子太难的书，太难了孩子就会抵触，因为读不懂会觉得无趣，觉得枯燥。如果孩子从小养成了阅读习惯，就可能终生与书为伴。

我开始把很多适合袅袅看的书从高高的书架上拿下来，放到她伸手可及的地方，让她感觉书就是她生活中的一部分；在给她讲故事时给她念到最有趣的部分就停下来，吊她的胃口，鼓励她自己读。

袅袅五六岁的时候，读了不少童话故事。我对袅袅从没有什么苛刻的要求，没有刻意要她认识多少字，做多少数学习题，我觉得只要智商没问题，有学习的兴趣，课堂上的学习是最容易的事；而书能读得不错，同时其他素质和特长也一起跟上，能做个开朗、聪明、诗意的人却是不容易的。所以我常请袅袅听曲子，向她推荐有价值的文学读物；数学也是讲些趣味故事什么的，可惜有一阵这小家伙有了空余时间就迷上了电视，天天查每周电视报，有时一清早就穿戴整齐坐在电视机前等待节目开播，想看的一个都不漏掉。有一次每周电视报没送到，我正幸灾乐祸，没料到她另辟蹊径，打电话去外婆家询问，而且问一遍就把播放时间全记得分秒不差。后来实在没办法，规定她每天只看一小时电视。规定制定时她大声抗议，可真的实施时，她的态度却还可以，有时超过时间，我看她一眼，她就会理亏地把电视机关闭，总算顾全大局，没有赖皮。于是我便想了一些办法来强化她的阅读兴趣。

在袅袅6岁前，直接阅读儿童文学书籍会有一些难度，因为认识的字不多，理解能力也跟不上，容易产生阅读障碍。所以她读哪本书之前，我会把书的内容用故事形式强化一下，比如先给她朗读，再让她自己读。还有，我们会进行一些角色互动。比如全家一起演《小红帽》，第一遍袅袅爸爸演大灰狼，我演老外婆，她演小红帽。第二遍大家交换着角色来表演。记得有一次和三岁的袅袅演狼外婆的故事，演到狼外婆包着花头巾，屁股上夹着尾巴，坐在凳子上就会压着尾巴，很痛，小家伙对这细节特别留意。隔天我有位新结交的朋友上门拜访，也包着花头巾，袅袅看见她坐着不动，就很不礼貌地围着客人打转，还忍不住问：你坐上去压着尾巴痛不痛？弄得大家都尴尬。我希望她分辨出生活和童话不同， 于是改变方式，常常让她扮演书里的有趣的人物角色，她喜欢在头上缠一个大毛巾演名著里的“小穆克”，有时候和她一起扮演海盗啊、漂亮的阿姨啊，很多逼真的角色。那阵子为了她，我还专门编了一篇叫《调皮的日子》的小说，把她表哥、表弟那些生活中的人物也都编进去，她就有很浓厚的兴趣。那会儿我是口头上说这些故事，有时候第二天接着讲的时候，她就会说：“不对，和昨天的接不上了。”她很喜欢《调皮的日子》里的淘气鬼朱多星和小沙。这些都提高了她的认知，丰富了情感和对阅读的热爱。

后来我们的家庭演故事越来越有意思，有时候袅袅的外婆来了，也会在故事里演一个角色，家里的保姆也会客串一个最简单的角色。每个人演不同的角色会添出趣味来，台词、语气、动作也可以尽情发挥，很多细节的东西都活了，气氛很欢快，有时候都要笑倒了，袅袅觉得很有意思。再让她去看书时，遇到不认得的字，她能顺利跳过去，整体的连贯的故事帮了她的大忙。读到角色的各种感受，她可能就会回想起演这些角色是什么感觉，让阅读更充满童趣，也有了延伸的令人惊喜的理解。

只有当阅读成为一种生活习惯的时候，才是真正的阅读。所以我在书橱专门留一层，归她用，专门放袅袅看过的书，这样很有作用，能让孩子进出时都看到书橱，感觉到，“我已经看过这么多书了，我是一个爱书的人”，萌生出自豪来 。后来，她有了独立的小书橱，袅袅专用的，我不会在属于她的书橱中放很多她没看过的书，可能一开始只给她一本新书，最多两本，等她读过，领会以后再适时增加新的书。如果袅袅觉得这本新书没兴趣，看不下去，我知道这本书对她来说深了一点，会把它留起来换一本浅一点的。给幼小的孩子选书时，要选儿童文学的、经典一些的、名作家的，趣味和内涵有保证。先浅一点，慢慢再深一点。袅袅特别喜欢的书我一般会买两本，一本翻多了可能会被损坏的，另一本就能作为藏书，保存着，做永久的陪伴，当袅袅看到自己入迷的书就在身边，会很亲切。后来她能够自己选择阅读的书籍后，我的这些做法就慢慢取消了，换成了另外一些东西。总之，每个孩子都是不一样的，阅读需要一些专业的指导。 儿童文学书里的故事会以它的美妙情趣和善意感染孩子，即使孩子长大了，忘了那些童年看过的故事，但故事里的价值观，美好的情景，不同的人物，坚强、智慧、善意等会对孩子有不可替代的潜移默化的作用，能影响孩子的一生。

## 7. 蓝色的渔网

袅袅小时候长得矮小而且娇气十足，看上去总是一个“小宝宝”。有一次，幼儿园组织小朋友去大世界游乐场玩，说好是来回包车，但一个老师领很多孩子。我有点担心那地方人杂、拥挤，小孩容易走丢。所以抓紧时间突击“培训”了一番，告诉袅袅，万一走失了如何同警察配合，以及遇上坏人如何周旋等。后来，袅袅爸爸还来了个“情景模拟”，特意化装了一番，假装成陌生的拐卖儿童的不法分子，恶狠狠地来与袅袅“搭讪”，想通过这个“过招”试一试她的应变能力。女儿被弄得很恐惧，说：“还是不去算了。”

过了不久，夏天来了，我要去北戴河开一个文学会议，恰逢丈夫也有要事缠身。同主办单位谈及此事他们就建议说："把你女儿带着不就解决了？"

也许，在外人看来带孩子出门是小事一桩，可实际上带一个从未出过远门而且娇气十足的幼儿出去是很复杂的。夏天小孩有一大堆必需品：人丹、体温计、小毛巾、果珍、零食、小雨衣等等，还要准备应付许多意外情况，如万一生病了、鞋子弄湿了、饭菜不合胃口……总之，我列了一长条单子，多得像是在办一份厚厚的嫁妆。

多背东西我倒不拍，刚开始时我满心忧虑，怕节外生枝，心里没底的时候像服苦役，横竖感觉不佳。果然，到了北戴河的第一晚，事情就来了，袅袅坐在床沿上哭哭啼啼，说想布娃娃丁丁了。原本她每晚睡觉时是要抱着布娃娃丁丁的，那是一个大嘴巴的布娃娃，很可爱，原来是我喜欢的布娃娃，从袅袅出生起，丁丁就陪伴着她，她把丁丁当姐姐了。可那布娃娃太大了，带上它就像多带一个小孩子，行李里实在塞不进去了，就没有带。但袅袅不肯入睡，伤心得不行，哭了半天，死活一定要丁丁，气得我在心里发誓，以后不能带她出远门了。不料，气还未消，女儿却找了个枕头，说就把它当丁丁吧，随即就静静地进入梦乡。

更令我吃惊的是，小家伙突然迷上了北方馒头，吃得津津有味，不像在家时吃饭那样挑剔，因此带去的一大包备餐肉松、点心什么的最后由几个大人分享了。

女儿在大自然中居然比成人更适应，她能一口气沿着海滩跑出很远，能不知疲倦地勾着头四处找贝壳，还用一个小网兜当"蓝色的渔网"到海中去试着捕捞小鱼。大人开会时，她就去看小狗，或是在草丛抓昆虫。我们在会议室里，不时能听到园子里有她兴奋的笑声。短短的几天内，她知道了柏树、樱桃、一串红等那园子里所有植物的名称，还学了当地的民谣《大毛猴子》什么的，小脸被海风吹得黑红黑红的，不但没生病，体重还有所增加。

回程时，送站的汽车晚到了，等我们进车站时，火车马上要开了。慌乱中，我只能说：“得快点走。”小家伙一听，拼命地跑，边跑还边催我：“你要跟上我！”结果，我们母女比其他人都跑得快，终于赶上了火车。

孩子们最需要的不一定是昂贵精致的生活，安排好的生活，各种充足的物品，他们还需要呼吸新鲜空气，开阔视野，见见不认识的人，看看没有看见过的风景，知道每一个地方的不同。还有，大自然是一所大学校，是最重要的常识老师。

## 8. 电视不是“人生的方舟”

孩子们天生喜欢看电视，因为电视在接受上很容易，有丰富的图像，有抓人眼球的元素，我常常说，电视里好像有小钩子，一下子会钩走孩子的心。但是孩子们过多地迷恋电视，把电视当成保姆，可能会“中毒”，比如变得没有忍耐力，会发怒，不喜欢和人交流，被动思维多于主动思维等，最危险的是，电视节目没有任何阻拦，孩子过早地浮光掠影地看到了成人世界的碎片和审丑，内心难以建立完整优雅的人性基础和属于孩子的美妙安静的体验过程。

为什么一定要让孩子阅读呢，因为阅读才是人生的方舟，“方舟”二字说来玄妙，记得这个词汇出自圣经故事，仿佛与读书的话题相隔甚远，但此刻两者竟紧紧地攀结于一处。

《圣经》里提及的诺亚方舟，说的是上帝见到人世间的邪恶，决计毁掉一切。他让忠贞的诺亚造方舟，为的是赦免他及他的全家。诺亚精心打造方舟，周围的人都笑话他，说他妄图在陆地上行舟。不久，天降汹涌暴烈的洪水，倾盆大雨连下40个昼夜，把整个世界都深深淹没，所有方舟外的人都死去，只有方舟上的人，才等到了陆地重新露出的一天。他们走下方舟，在阳光拂面的地方开创新的一切。

当然，我提及方舟并把阅读比拟为“人生的方舟”，并没有想掺进那种生死攸关的意味，而是意谓另一种人生途中的狭路逢生：即不论人生出现多少危难痛苦，甚至险象环生，一旦具备了从阅读中汲取到的精神养料，便使人站高一步，从容对待，不被生活的河流所淹没，这是另一种意义上的“不死”。

阅读儿童文学，没有性描写和暴力的美好的文学，最珍贵的一点就是给孩子提供一个宽泛的视野，使人看到世界的浩瀚，人世的博大，人性的复杂、优美，生命的价值，它让人胸中装有了一种宽大的情怀，有了超越自身的见识。这种胸襟，使人不论处于何时何地，都可能获得精神上的慰藉，不沦落，不屈服，与不理想的一切保持距离，格格不入，永不妥协。

阅读儿童文学格外可贵的还有它能催人思考。在物质丰富的当今社会，许多人满足于对物质的追求中，他们向往做物质上的富人，却忽略了如何不做精神上的穷人。他们追求物质，人云亦云，贪心短视，疲于奔命，那副失去思考的样子是很难看的，充满俗气。而书籍能催人思考，探究人与人生，自我与他人，宇宙与自然，尤其是读大师们的著作，犹如一次次地与伟大的人物作精神上的会晤，会欣喜地发现，思考是一桩多么不凡而又有意义的事，清醒于世，富有思想的光芒，这样的人生，何等优美、风光。

社会发展越快，其实阅读就愈发重要，它给予人理智与才能，明确追求的方向，一分钟也不迷失。从某种角度说，阅读真是方舟，使驾驭它的人离开平庸的泥淖，跨越国界、种族的隔离，抵达阳光拂面的新的彼岸。特别是好的儿童文学，它既有符合孩子审美意趣的童趣，又能把成人已经遗忘的，孩子难以表达的东西表述出来，它能净化人的心灵。

有阅读习惯的孩子，各方面的表达会比较好，我曾多次去学校调查学生的阅读现状，坦率说，情形不可乐观，基本上是两极分化，有些学生文史哲著作都读了不少，而有的却压根儿没读过什么课外书，而后者占了多数，他们沉湎于视听，那些眼花缭乱的电视娱乐节目，那些花样百出的三维动画，那些五花八门的电脑游戏。殊不知，这些看上去引人入胜的好东西却容易“杀人”，迷在其中会使人习惯于某种被动思维的格局，甚至意志消沉，萎靡不振；而阅读却是一种主动思维，使人进取，保持朝气，以及内心的安详，天性的优美。

至于读什么书，其实也是个关键，这两类书可以说是必读的：科学的书和文学的书。前者能提供一种现实而准确的对外部世界的判断；而后者则是无所不在的认识论，天上人间，心灵世界，人情世故，人性天伦，生活底蕴，一些优秀的文学书，胜似百科全书，它的光华与气度能照亮人的良知。

至于孩子的阅读史是一个很长的过程，好的文学作品能耐心地不断地唤起孩子天性中的美好，至于优秀的文学对孩子的道德教育，归根结底就是教会他“爱”，教会他理解人，懂得美。从这个角度讲，儿童文学也是最好的教材。孩子们在意味隽永的故事里得到共鸣，从中学会爱父母、爱长辈、爱同学、爱周围他应该去爱的人。阅读的孩子，他的潜力是不可估量的；不阅读的孩子，他的潜力是看得见的。

## 9. 做鸭子总司令

袅袅大了，开始尝试“我有一双万能的手”，自己的事情自己做。可是随着行为习惯的建立，一个小孩还需要更多内在的东西来匹配、支撑，比如涉及爱心、责任心、自主性等等，袅袅5岁的时候，有一天我们出门去散步，看到一个卖小鸭子的农夫，他有一百多只小鸭子，它们挤挤歪歪地，毛茸茸的淡黄色的身子，深黄色的扁嘴，都聚在几只大水盆里游水。袅袅非常喜欢那些小鸭子，执意要买回家。说实在的，我也动心了，觉得小鸭子很可爱。我给女儿买了一对拙朴的小鸭子，一雌一雄，女儿喜欢得不得了。我们母女俩一路回家，一路为这鸭子兄妹取了可爱的名字。到家后，我们把它们安顿在室内阳台上。我让臬臬按时给小鸭子喂食，并且让她负责做“鸭子总司令”，照顾和保护小鸭子，我想在她付出辛劳的同时，童心里能进驻一些爱心和责任心。

果然，她很上心，不但和小鸭子一起找到很多乐趣，另外，她还能给小鸭子造纸板别墅，有时还给它们改善伙食，放水洗澡，小鸭子一天一天长大，羽毛渐丰，她因此很有成就感。可是冬天来了，臬臬发现两只小鸭子住在纸别墅里冻僵了，我和女儿一起悉心地救护小鸭子，用温和的热水袋温暖它们，后来我要写作了，就用小棉毯裹住小鸭子，把它们放在膝盖上，臬臬始终坐在一边，轻轻地抚摩它们的脑袋。后来，一只小鸭子活过来了，能吃能喝的，另一只却死了。我们把死去的小鸭子掩埋了，然后就一心一意把活着的鸭子养得又肥又大。开春了，城市里不能养鸭子了，我特意花了一天时间，陪着女儿转了好几辆车，在郊区找到一条清澈的小河，一起把鸭子放生，看着它慢慢游远了。

臬臬后来还养过小兔子、小乌龟，每次都是全情投入，特别难忘的是她还养了三只小鸡，取名哆、来、咪。那三只小鸡如此活泼，她走，它们也走，还喜欢做亮翅的动作。可惜，小鸡太贪食了，看见掉在地上的橡皮也要吃，家里养的花草也要啄食，经常消化不良，臬臬就给它们喂“食母生”。有一天，“食母生”不管用了，来和咪都先后死去。它们的死使全家都不好受，闷闷不乐，臬臬竟长时间地垂着小脑袋为来和咪悼念；她一整天陪着哆，形影

不离，唯恐它伤心。在她的目光里，小鸡也有一颗人心，她不忍它心碎，孤单，她心疼它管着它。

后来袅袅上学了，每日早出晚归，俨然一个大忙人，邻居家一只叫尼克的小狗走失了令她夜不能寐，她担心尼克找不到食物，怕它被不爱它的陌生人拐走。她还为邻居难过，因为一只活生生的小狗突然不见了，而它的小狗窝还在，只是空着，冷冷清清，主人的心应该会空落落的吧？她为这件事把心操碎了一百遍，让我十分感动。

在养鱼，养蝌蚪，养小鸟的时候，袅袅也会格外开心，她欢天喜地的叫声给家里添了许多喜洋洋的气氛，即使她不发出声响，看看她举着胖乎乎的小手招呼小鸟，鲜红的脸颊，童稚的，还有那笨拙有趣的一举一动，我常常会笑出声。不仅如此，她凭借着对小动物的习性、爱好、特异的地方观察入微，渐渐地，说起这些就头头是道，因为熟悉了，也因为有自信，她还对动物进化、生物等有了浓厚的兴趣。

## 10. 手拉手往大处看

养孩子不是种蘑菇，种蘑菇撒上肥料，盖上，到时候蘑菇就长出来了。孩子是微妙的，具有无限可能性的。对孩子除了关注智力发展，行为习惯，最要紧的是重视做人教育。我喜欢把做人的道理简化成两点：一、做人要厚道；二、做事要认真。

人生很广大，如果把生活看成是十分的话，三分是生活本身，七分是如何看待生活，所以看世界的眼光很重要。我注重跟孩子的谈心，无论她有什么想法，我都愿意倾听，畅所欲言地谈心。有时候我们是在饭后散步的时候交谈，有时候是在候车的时候互相说些想法，有时候是在餐厅里握着饮料瓶说笑。在酷热的夏天，我们母女午后在草席上歇息片刻，往往在枕头边还会小声地聊一聊。

记得在袅袅三岁的时候，我发现她中午吃饭特别勉强，大人们一再哄也不怎么吃，到了晚餐居然滴水不进，大家紧张得想送她去医院。问下来才知阿姨告诉她，不吃饭会变狼狗的，所以小家伙故意坚持不吃饭，一心要当狼狗，目的是要变成狼狗去吓唬幼儿园的小朋友。看来小家伙并不是什么胆小怕事的角色，而是个逞能之辈。我顺着她的心理，告诉健康平衡的道理，她明白吃饭会怎样，不吃饭会怎样后，就改变了很多。稍大一点，她懂得了食物的营养结构后，更是常常催我去买芝麻和核桃，给家里人服用了补脑养发。现在她是我家的营养专家，哪种蔬菜怎么烹调才健康，她都通晓。

其实孩子的小天地里也需要有大眼光。刚开始的时候孩子是小啰嗦、小问号，这都是好的开端。孩子对世界感兴趣，有好奇心。我回答袅袅问题的时候，尽量不去图方便，不偷懒，知道的回答，不知道的去查找，总是从大概念开始解释，周全一点，深入浅出，那样孩子的理解比较全面，为今后留下理性的伏笔。

孩子天生是懵懂的，记得袅袅开始学画画的时候，爱从小的地方开始画，先画细节，这样画出的画容易散乱、纷凌，我说服她下笔要先有个大格局，大的框架，然后再注重细部。做事情更是如此，起点在哪里呢？看待事物的眼光和自我管理的能力也是要有长远布局的，不能只看到眼前的细节。比如看科普的书，我希望她要先浏览目录，目录往往已帮人梳理了一遍知识和科学的体系。

对于学习上的难题，我和袅袅一起总结实用、高效的方法，不是一味求孩子“铁棒磨成针”。有时候，这体现了一种高贵的锲而不舍的求索精神，而不是令孩子生厌的重复而机械的劳动。袅袅有时候会做错题目，比如刚开始学速度、时间、长度关系的那会儿，后来弄通后这反而变成强项了。我觉得如果孩子不理解那一部分，题目做错了，这并不是过错，每个人都有自身理解上的局限，但是弄懂以后最好不要犯相同的错误。我让袅袅准备了错题集，把错的题和找到问题后订正的题都记在那里，经常看看，这样她能总结那些错题了。

做事情认真、踏实也是如此，需要慢慢练成，袅袅幼年时，有一年我过生日的当天，她主动说：“妈妈，今天幼儿园发的点心我省着不吃，带回来送你当礼物。”我感动了一整天，下午我兴致勃勃地等待着这个孝顺女儿归来。可小家伙却两手空空回来了，因为她早忘了这一切，她感到很不好意思，做了有口无心的事情。我答应把生日延在第二天过，给她一个弥补的机会。果然，第二天她把点心好好地包裹着，献宝一样地带回来。以后她慢慢习惯了，承诺的事情都会尽力做好。

还有就是人际关系，我觉得孩子对他人应该多一点积极评价，学会表达友善，需要心里有友善。袅袅他们小队有个女同学，看见袅袅不喜欢吃学校食堂做的鸡块，就大为生气，老是说：“袅袅，我不准你去吃肯德基。”她还说了很多不中听的话，袅袅听了觉得很刺心，回来告诉我。我说这是小摩擦，可以化解的。不久，袅袅组织小队活动，中途要解决午餐。我建议她和小队的同学一起去吃肯德基，那女同学也欣然前往，好像忘了自己说过那些冒犯的话，后来她们两个建立了很好的友谊。其实孩子们的交友逻辑很单纯，遇到事情和问题能朝好的地方去推动，于人于己都好。

有时候袅袅有她的顾虑和情绪波动，很多内心闪过的念头她还没想好，她的表述会变得词不达意，支支吾吾，这就需要我在一些表象底下，梳理出孩子的真实想法和难处。有时候我把她心里想的给破译了，并提出建议，她会又惊又喜。也许有时候，她的心思藏得太好，我猜不出，她也会很感动，觉得我很在意她的感受。有时候，干脆就开诚布公地说了。

这些年，我们谈学校，谈生活，谈价值观，也谈时尚，谈报刊上离谱的新闻。我们之间有无数次知性的讨论，我希望早日能有通透的看待世界的眼光，做人做事拥有自由的心，善意宽容的方式，公正从容，不需要偏激，往大处看，往大处想的人，也能往宽广的人生路上走。

# 11. 让恐惧走开

幼小的时候，袅袅和所有的孩子一样，心里闪过不安全的感觉，我带袅袅看完演出夜间回家，走在没有路灯的地方她很恐惧，牵着我的那双小手都微微出汗了，她会要求我抱住她。我让她在心里大声唱歌，用心里的勇气和亮光穿越黑夜的笼罩。

我和袅袅爸爸经常出差，她就会有一个疑惑，是不是自己不重要，是不是爸爸妈妈不爱她，为什么爸爸妈妈经常会离开她。所以我每次走的时候都会跟她告别，如果是清晨或夜晚，她正在安睡，我就写一张纸条，叮嘱她几句话，肯定不会不告而别。等到出差回来，我会给她带小礼物，然后把这一路上办的事情，看到的风景和见到的有意思的人都讲给她听，告诉她那些地方长大以后她也可以去，让她对世界充满了向往，也理解了我的工作方式，不会再有动荡感。

社会上、电视里有各种可怕的消息，有的孩子被拐卖了，有的孩子轻率出走，有的女孩被欺负了，有的病孩被父母遗弃什么的。这些都会传到孩子耳朵里，被小孩默默地看在眼里，让孩子产生忧虑以及不安全的感觉。有一次袅袅突然问我，哪一天爸爸妈妈要是离婚，我跟谁呢。原来，她认识的一个小朋友父母离异了。我没有笼统地叫她不要那么想，不会有那样的事情发生。因为她受到了惊扰，她还是要想的，她想要一个足够令她信服的说法。我跟她说，即使爸爸妈妈要分手，你还是我们的宝贝，我们肯定都要你的。不过你放心，我和你爸爸没有离婚的念头。这样她有了“最好的打算”，也有了“最坏的打算”，后来再遇到这类事情，心里有底了，就不再忧虑了。我觉得让孩子有安全感很重要。



有时候孩子的恐惧还来自害怕被当做坏孩子责备。有一次，我特意早起给袅袅准备早餐，有牛奶，三明治，白煮蛋。她开始吃早餐的时候，我进卧室去听早新闻，刚走开，又临时折回来，突然我发现袅袅面前的三明治、白煮蛋都不见了，没留任何痕迹，仿佛变魔术一样瞬间消失了。我问她早饭呢？她摇摇头，很神秘的，什么也不说。我也不好追问，给她几块小饼干，让她和牛奶一起吃了。她去上学后，我在想，早餐怎么会消失呢？我在家里的垃圾桶里找，在饭桌边上找，甚至在抽屉里找，都没有发现蛛丝马迹。最后我又去餐厅窗下的草地上找，结果找到了三明治和白煮蛋，只是都被摔歪了。袅袅回来，我告诉了我的探案结果，她才承认，有时候她没胃口吃完那些早餐，怕被责备，所以干脆从窗口把吃的东西空投下去，已经“作案”多次。

那之后，我尽量为她准备合她口味的早饭，并和她共进早餐，另外不强求一定要吃多少。渐渐地，才把那些案子给杜绝了。不久，袅袅的同学也因为早餐事件事发了。那女孩更绝，因为担心被妈妈发现，她把吃不完的东西积了一大包，都发霉了。一天，妈妈要大扫除，她把那东西塞进了下水道，后来家里的管道被堵了。

孩子的一些蹊跷的行为后面都会有深层的原因，妈妈若能破译孩子的恐惧与担忧，就能早一点帮助孩子解除这些。要做到这些，就要和孩子达成沟通的默契，在开启孩子心智，改进不足的同时，保护童心。少一点暴力语言很重要，还有一点，父母对孩子有爱心是做得到的，但是要有耐心的这一点就很难了。前不久，少儿频道邀我做节目，在节目中我和孩子们讨论，他们究竟是喜欢一向完美的父母还是喜欢从小就调皮捣蛋的父母，结果，大多数孩子觉得父母太完美了，跳起来也够不上。孩子喜欢后者，因为这样才有亲和力，成长就是一个错了就改的过程，需要用耐心去包容。现在的孩子都是独生子女，我看到有的妈妈重视孩子的心理需要，会成为孩子的玩伴。对孩子的关爱没有错，也不过分，只是父母的权威感不能缺席。对孩子，父母更需要做有担当的、有谱的角色。有的看来都是点点滴滴的事情，对大人说来微不足道，但是对于孩子是很大的事情，孩子会把这一切看在眼里，比如妈妈在家长会上说了什么，每次学校购买校服，交饭费，父母能不能按时支付，学生手册上的签名有没有延误，等等。如果爸妈是靠得住的，有责任的，有担当的，孩子会更有安全感和踏实感。如果爸爸妈妈只是玩伴，孩子就成了“孤儿”。

有时候孩子不自信，不合群，或者过于内向，都会有原因。我的一个编辑同人的孩子，起初不愿意开口说话，看见什么人也不打招呼，爸妈都是开朗的人，后来才知道孩子是跟家里阿姨学说话的，带有浓重的安徽口音，在本地她一开口别人就笑，几次以后，孩子就不愿意开口了。后来，爸妈教会她说一口标准的普通话，孩子看见谁都老远就打招呼，恢复了本性。

有一件事情令我想起来就心里难过，我曾去参加《作文大王》的小学生作文评奖活动，做总评委，有个参赛的女孩写了一篇《我是一个调皮的孩子》，说的是女孩星期天独自在家，她看见了几只欢快的小鸡，不禁想出了一个诡计：谋杀！……她欢呼着，随手拿了镊子、针、线等东西，准备给那只小鸡“动手术”。她用小刀把那只小鸡的肚子划开。开始，小鸡拼命地挣扎，想躲避小女孩手里的那把刀，可是最后还是翻了白眼，那位残忍的小女孩像发了疯似的，还在笑。过了一会儿，“手术”做完了，她对其他的几只小鸡说：“唉，你们是它的亲属吧，它由于得了心脏病不能及时救治，失去了宝贵的性命。真是可惜，可惜啊！”几只小鸡早已看见了“急救”的场面，吓得浑身发抖，从此以后自觉绝食，饿死了。它们是多么可怜啊！

她把猫“绑架”起来，用皮炎平膏把猫的嘴巴封住，然后把用泥巴制成的圆球形“药丸”放在盘子里，撬开猫嘴放进“药丸”，用一杯滚烫的开水把猫嘴里的“药丸”溶化。然后她给猫松绑，把它放在太阳底下让它睡觉。经过治疗的猫显得十分听话：猫已经死了！

那个孩子说自己“却没有0.001毫米的同情心”。多可怕呀，孩子是在哪里学到

了这一切？这孩子的内心，小小的残忍里应该有着深深的恐惧，不然，为何要这么极端呢。

我总觉得，对孩子描绘的世界要适度美一点，否则孩子容易没有安全感。新媒介很容易让孩子看到“碎片”，好像都是受伤，不能善终。审美教育的缺失，让“审丑”意识滋长了，最终容易导致童心也渐渐地失去。这不是一个自然的过渡，孩子们如果缺少一个享受美和纯真童年的过程，对新事物的认知一知半解，没有了积极生活的能量，柔软的心很快就变硬了。也可以夸张地说，是人还没长大，心已经疲倦了。



## 12. 童画里的表达和倾诉

我好生收藏着臬臬许多富有才情的画，有一日整理起来，居然有三抽屉之多。那些纸片都是她一边愉快地哼着歌，一边信手画来，她似乎是找到了一个秘密暗道，通过它去讲述孩童时期的深奥和浪漫，忧郁与欲望，它们都是宝贝。

我保留着臬臬最初画的涂鸦之作，有的是粗粗的线条，有的画着像一只鸡蛋似的房子，大嘴巴的青蛙，再大一点，她知道美了，画上有腰儿细细的公主，细脚杆的小飞人。

女儿在幼儿园上图画课的时候，开始总是画得不好，颜色跟别人不一样，再说别的小孩正在学画竹子时，我们的小孩在快乐地画着想象的仙女。所以在幼儿园就不怎么受欢迎。后来我让她为有名的童话《灰姑娘》、《白雪公主》图配颜色，给她买了魔笔，是那种融合后会变色的那种，她配的颜色可以像工艺品那么绚丽，让人爱不释手，可老师要的是照式照样的临摹。

老师批评她，批得皛皛不愿意画了。后来我托朋友从台湾带了有最好看色彩的彩笔回来，让她自由画。女儿爱上了，因为用这套笔画出来的画色彩特别好看，赏心悦目。我把她画的宝塔、小鸡贴在家里，来客人了，先参观她的画展。

有一天，她画了几幅画，画的都是她印象最深的事。我根据图画写了几则小文，记叙当时的情况，她看见了兴趣更大了。后来她真正喜欢上了画画后，哪怕老师说不好，她依然还是喜欢涂涂画画。她的小写字台上除了摊得横七竖八的彩色笔，就是剪成鸡心形的、树叶形的或是飞鸟形的碎纸，俨然一个艺人的工作室。

在她的画里，我能看到关爱、温暖、乐趣，内心的话语和审美，我更理解她了。那些儿童画给我一种提示，它留有人之初的心灵印记。每个人，不论是硬派还是冷漠，循着它，都能找到最初的真心。

特别是当孩子的语言还不是特别丰富，难以描述内心的时候，绘画格外重要，这不但能充分保持孩子天然的创造能力，由他们奇思怪想，由他们寻摸到真实的渴求，畅通自由地绘画真实的心灵世界，还能增加成就感、乐趣和艺术灵气。最能体现孩子博爱、真情的就是他们的绘画。我非常爱皛皛的儿童画。无论是飞禽走兽、精灵、飞船，那些大胆的线条，富于原始美感的绚丽色彩让人叹为观止。我时常从中倾听到心灵的吟唱，宇宙的声息，以及许多视线永远抵达不到的东西。

现在想来当初鼓励皛皛画画的诀窍似乎就是三条：鼓励，鼓励，还是鼓励。

皛皛以她在绘画上的高度热情，后来替我的书《妈妈香》、《大狗喀啦克拉的公寓》、《小丫林晓梅》等配过童趣的插图。有她为我插图，绘制的图书往往很合我心：我喜欢她对色彩的特殊理解，处理线条时，能在对世界万物的描绘中藏有自己的趣味。另外这个合作者好说话，出版社给绘图者的稿酬很微薄，她也答应的，有一次我实在过意不去，就送她礼物作为弥补。她陆续发表、出版的图画近200幅，其中部分美术作品曾获奖，并被上海儿童博物馆收藏。

# 13. 一次有预谋的演习

枭枭7岁后做了小学生，但8岁的时候还是一个夜里喜欢怀抱布娃娃、说话奶声奶气的小娇气，干什么都喜欢黏着人。繁忙的学业好像让她自立的斗志在松懈，反而有点“倚小卖小”，老是说：“我还小呢。”有一次星期天居然连刷牙也让我代劳，我问她有没有手，她说妈妈刷牙刷得白，接着就一声一声撒着娇叫好妈妈，低着头往我身上拱，直到我答应为止。后来我听说别人家的8岁的孩子自己换乘两路车去看望亲戚，心里就反思起来。

有个休息日，枭枭爸爸出差了，我觉得时机很好，于是就躺在床上“生病”，让女儿照顾自己，过了一会儿，很“作”的病人忽然想吃热的粥，可是心里还是在嘀咕：宝贝女儿从未下过厨房，能行吗？

看我病恹恹的，枭枭想了想，乖乖地点了点头。我看枭枭并没有拒绝，还很争气，挽起袖子跑去了厨房，心里乐颠颠的。不过接下来，可没让躺在床上的我安心，才一会儿工夫，就从厨房里传来锅子掉地等稀里哗啦的声音，给我带来了惊心动魄的感觉，一会儿又是别的震天响的动静，真是挑战我的忍耐力，我甚至怀疑这个演习是一场异想天开。不过，我虽然坐卧不安，但还是挺了过来，只是想象着厨房里火爆的场面。这个时刻只能豁出去了。

渐渐地，厨房里静悄悄的，一点声音都没有了，这可是更可怕的迹象。我几乎要跳起来去看个究竟了，这时候，突然看到枭枭端着一碗热气腾腾的粥来到床前，脸上笑吟吟的。

我这才知道自己过去低估了孩子，她不仅做成了一锅新鲜黏稠的粥，还把家里的肉松和酱瓜都端出来了，天知道她是怎么找到的。这足以证明她是一个卧虎藏龙能干的人！看来真是人不可貌相，孩子的潜能多么容易被忽视啊！

我享受着这一切，几天后，臬臬爸爸回来了，我把经过原原本本地告诉他，可是他怎么也不相信。

臬臬成功地做成一锅粥后，我就趁热打铁，布娃娃的衣服被弄脏了，我就和她泡了肥皂液，一起洗起了娃娃的衣服……到了暑假里，我让她小鬼当家，去菜场买菜，第一次去买菜的时候，她买回来的咸蛋是不咸，带怪味的，买的丝瓜很老很老，好像可以洗碗了，可是这都不重要，她已经在实践中了。

过了一年，我过生日，臬臬问我想要什么生日礼物，我说，你就做一顿生日宴给我吃吧，让我知道你有生活的能力，将来能照顾好自己以及家人，过上不错的生活。她真的下厨做了三菜一汤，而且是颇有品质的菜肴。

我已经悟到，原来孩子的潜能是需要被发现的，如果可以，开发一下会更好。我们应该根据孩子的能力给他们一片施展的天地。孩子需要放飞，而不是放任。尊重孩子的能力，让孩子有自由发展的空间，也算有效地关爱孩子。

# 14. 孩子的依赖和大人的依赖

当妈妈的很容易在潜意识里觉得孩子还小，疼孩子，孩子爱缠妈妈，妈妈也习惯了孩子对自己的依赖。最后妈妈也在深深地依赖小孩，害怕自己不被需要了。其实，为了孩子的自立，妈妈应该用新的方式了。

记得有一次，我出国讲学，结果签证办晚了，实在赶不上了。袅袅听说后，狂喜地载歌载舞，一得意，不由得吐露了真言，说是这一阵，她每晚临睡前都要祈祷一遍："签证不要下来呀！"

袅袅读了6年的书，当初曾像一团热情的火，呼啦啦，奔放着一路烧出去。而如今，见到了一些不如意或是不公平的事，回到家，面对父母宽容和蔼的笑容，她像个历经沧桑的人，常常轻叹一声："家里真好啊！"

每次听说我要出差，她都会哭丧着脸说："你又要走了！"随后，隔一天就要追问一句："你又要走了？"把这当成一件牵肠挂肚的心事。

每逢在双休日出差，袅袅会送我到楼下，随后飞奔而回，慌慌张张地，常常会一不小心撞在陌生人的怀里。我知道她是急着赶回家，独自站在高高的窗台前目送我，看我走出弄堂，坐上车，越开越远，直至消失。她慌不择路是害怕错失了那个送别的程序，所以，每回见她抽身而去时，我都会有意放慢脚步，暗自估算着她是否已趴在了窗台上。

在袅袅心里，这纷繁的世界里能给予她阳光的人还是很少很少的，没有比与父母厮守更富有安全感的。

有一次出差，我提前办完了事，改了机票匆匆返回。那天正好是周六，我轻轻打开门锁走进房间。袅袅正弯着身体埋头做功课，她抬头瞥见我，淡然一笑，又埋头做起来，并不理会我。

"喂！"我轻声叫道。

她抬头看看我，讷讷地问："妈，你是真的吗？"

我笑起来，说："当然！"

她小心地伸过手碰碰我，触摸到了我的袖子，又摸摸我的脸颊，忽而灿烂地笑起来，说是她想我不可能提前回来的，还以为又是幻觉。

在我们分别的日子里，袅袅会一往情深地想念我，焦虑地幻想我归来时的欢乐。她还会抱住我的衣物，勾下脑袋把小脸埋在里面。事隔数年，她还把我出差的日期记得分毫不差。

"那天，是1996年2月2日，你去北京，是星期五晚上！"她娓娓道来，"你拖着行李箱走呀走，像拉着一条狗，走得很慢，你坐上一辆出租车，车子开得慢极了，我以为你改主意，不想走了。"

那是我跟司机说："我女儿在楼上目送我呢。"

司机回道："真难得！"于是，他慢慢启动，车子开得像跳慢四步舞，轮胎在水泥地上艰难地磨着。

她又告诉我说，1998年8月27日星期四，正好是暑假返校日，她从学校里慌张往家跑，想着：妈妈走了还是没有走呢？她想一定是走了，一定是走了。推开门，发现我还在整理衣服，往箱子里放。她有多惊喜，心里在说，原来妈妈没走，妈妈还在！

她时常为与我短暂的离别而流下滚滚热泪。

我总感觉，她给予我的真情，既是一个孩童对于母亲的热爱，还有在外面碰壁后无处可给的深厚友情。这个失意的小孩把想索要又想付出的种种情感都一股脑儿掏出来，交在我手上。

这是一个重感情的小孩，她能理解我的奔波，也会格外珍惜每次分别后团聚的日子。可一个小孩仅从家里获得爱和关注是远远不够的。当一个小孩在童年期遇上的是善待和仁慈时，才会懂得人间的温情，才会重情和善良。

我开始鼓励她多接触社会，多和老师同学来往，结交一些独立意识强的人，这样她能逐步走向坚强和自立。另外，我从自身的经验中也相信，做一个关怀小孩的人是多么富有诗意，多么无愧于未来。

## 15. 温暖的人情世故

孩子其实是很微妙的，也需要归属感，除了一些大的“过去是怎样的”，有时候跟孩子讲讲家族的故事，分享一大家子的历史和荣辱，如果方式对头，孩子会很感兴趣，这些诸如“爷爷小时候的故事”、“爸爸妈妈是怎么相识的”等等，会让孩子心里有一种根基感，同时也知道了很多人情世故。

袅袅小的时候，有时候喜欢办家家玩，那是一种模拟现实生活角色的游戏，有几次我干脆让她在厨房里玩，只不过我在案板上做真的菜，她用橡皮泥和玩具碗在一边玩。

厨房是家庭很温馨的地方，人的胃其实是个老顽固，接纳什么排斥什么，怎么吃得舒服，心定神清，怎么吃横竖不舒坦，它往往不肯通融。毕竟，一个人从婴儿起，只要开始进食“人间烟火”，胃就被缔造了，从饮食与秉性的神秘关联说，厨房还是个育人的基地。

厨房最能显出家常的生活气息，锅台炉灶，瓶瓶罐罐，仿佛定下琐碎、实在、温情的调子，这便是过日子的姿态，慢慢地磨磨时光去吧。

冬天更诱人些，厨房里热腾腾的，细心的人能闻到谷物过冬时香甜焦燥的气息。我告诉枭枭，我小时候感觉冷了就爱去厨房，走进去恍惚像扎进一个温暖的怀抱，心定定地松下来了。

枭枭在厨房里还能捞到意外的收益，那就是听做活的我说家常话，说些风土人情，年节俗礼，家庭成员的一些陈芝麻烂谷子的事。随着锅铲的翻搅，随着剁肉的敦实节奏，枭枭晓得了些人生的侧面，一些课堂上讲不透的厚重社会的鲜活流向。有了这点蛛丝马迹，仿佛能摸出线头去明白许多事理。如今这种上一代人对下一代人口头承接相传的传统仿佛已不时兴了，可是在我们家，我把以前在厨房里听大人讲的家族历史都陆陆续续地告诉她。

我还告诉她我做小孩的时候，正是物质贫匮的年代，厨房内的可餐食物除了水和空气不定量，无数东西却是凭票限量供应：买粮食要粮票，买糖凭糖票，买蛋要蛋票，买家禽又是另一种画着鸡鸭的票。肉另有肉票，鱼有鱼票，反正都是凭票定量供应，那些票证分什么大户和小户。那时的“大户”用意朴实，并非俗指财力，就是指人丁兴旺，五口人以上就能称得上大户了。即便是凭票，为了买到点像样的鱼，还得一早出动。我记得曾跟儿时的伙伴，每人一只竹篮，连夜到淮海路上的代销店门口排队，一边数着星星想心事，一边等着天色一点一点亮起来。这样买回去的大鱼，能吃出稀罕来，一鱼几种吃法：鱼头熬汤，鱼尾红烧，鱼身子做成鱼鲞，留着过节时做待客佳肴，有时连大片的鱼鳞还不忍舍弃，用棉线穿起来放在鱼汤里熬出点鱼油的鲜香。

有几次排队晚了，买回来的是些极细的1角5分一斤的带鱼，像现在猫吃的那种似的，不过也有妙法，将其去头尾，焖蒸得酥烂，添上美味的调料，浇上油，然后在铁锅里翻炒，直至其变成香酥的鱼松。

我并不想“忆苦思甜”，而是想说，仿佛小孩很坚强，缺少吃食并不能真正剥夺孩子的快乐。那时，我们时常能和大人一起想方设法创造生活乐趣，适当地款待自己。有时市面上弄不到鲜鸡蛋，只有一坨一坨的冰蛋，一袋一袋干巴巴的蛋黄粉，单单用这些差劲的蛋品，我们也能放进些榨出的茄汁，添加生粉、发酵粉、醋、味精、无数细姜丝以及切成小丁的熟猪肉膘炒出与蟹肉相差无几的菜肴来。当时也自制点心，只要用面粉、白糖、熟板油三样就能像魔板一样翻出无数花样：炸巧果，炸糖糕，做又香又焦的炒麦粉，有时干脆就买发酵粉自制高庄馒头，蒸得暄暄的，把它们切片后抹一层热板油，一层白糖，恶狠狠地甜，早上吃过，一上午都能从嘴里咂出甜味。当时，小孩吃这些粗糙的食品还活蹦乱跳，无意中应了中医的说法：水谷乃人体精气之源。那年弟弟病怏怏的，只要饭桌上有猪肉吃，我们会把自己的一份省给他，看着他吃下去就放心了，感觉一个能一口气吃下好多块猪肉的人，一定健康无忧。这评判健康的原始标准就那么斩钉截铁。

逢年过节，更是因陋就简，翻出无尽的花样，让普通的吃食变得美味可口。把精选的圆粒糯米泡软磨成水磨粉蒸糕，还用干盐炒长生果、瓜子，有一种解放瓜的瓜子，小得像臭虫，炒的时候加盐又喷糖水，还做成奶油味的。嗑起这种瓜子非要有一张巧嘴，才能嗑出其中的那一点点肉来，否则吃这样的瓜子是一种折磨，只有干嚼硬咽的份。

幼时的我有时爱躲在厨房一角做纸上宴，即把心里想要的山珍海味记在纸张上，想象它已经出现在碗橱里。那时可着心想又能想出多少美味？见也没见过多少啊。竭力想出的美味现在仍记得很真切。总之，用过心思的东西，不会一边记，一边就把痕迹抹擦了。纸上宴里有：叉烧、酱油笋脯、鸡仔饼、乐口福、大个的风鸡，还有麦芽糖，贪着心在纸上画了很大很大一罐。袅袅听这些，觉得很有兴趣，也想试着做做。

我常常在厨房里，饭桌上和袅袅谈及过去，谈及家族里的各亲友，有时候过年过节，和袅袅挤在厨房里共同劳作，手与手相碰，彼此齐着心，眼神交流里含有爱意，这些温暖的生活场景是孩子最迷恋的，她能在那些琐碎中找到成长的能量和温暖的记忆。

# 16. 天使的歌声

说到钢琴，我至今还能把《齐步行进》、《五月花》等儿童曲子弹得很溜呢，那是为了枭枭而做的“功课”。

枭枭学钢琴也是事出有因，说真的，我爱会弹钢琴的女孩。小时候，我有个同学住在对面的楼房里，会弹钢琴，穿一袭白裙，举止里带着难以言说的优雅。每当琴声飞出她家的窗子，我总是凝神聆听，那神圣的心情多年来一直难以忘却。

自从有了女儿，就时常给她听优美的乐曲，她会在美妙的音乐中渐渐平静。大约在枭枭4岁时，幼儿园的老师告诉我们，说这小孩能把只听过一遍的曲子复述出旋律来。枭枭爸爸听后大喜，他是个音乐爱好者，女儿的这番表现让他大为自豪，也许，是认为自己的遗传基因在起作用。

我们也证实了枭枭有这方面的兴趣，对旋律的记忆力非常好，她有个玩具钢琴，在那里弹奏的时候十分陶醉，为了这个我们才下决心带她去学钢琴。起初我们托朋友选了个钢琴，不料，枭枭并不爱弹真的钢琴，在很长的一段时间里，她总用拳头去砸琴键，有时还坐在钢琴顶，用小脚趾拨弄琴键，以发出些怪声为乐事。

我们知道软硬兼施逼迫小家伙，她一定会逆反，还不如施一条妙策，促进她学琴的热情。我们的计策是陪她一起学：一家三口同为学友，争先恐后练习指法，弹奏练习曲，从小汤普逊开始。女儿不甘示弱，渐渐从全家第三名一跃成为家中的优秀学员，很快她就把我们甩下了。

女儿虽然能够渐渐地理解音乐，对钢琴产生感情，但学琴毕竟是带点苦差使的成分，功夫要凭勤学苦练才能得来，所以，女儿的自觉性不够，还得大人来监管督促。我在家里是开明派，对女儿学琴只是采用鼓励方法，替她把琴声录下播放，给她拍弹琴时的“演奏”照片，有时在她弹毕一曲时还鼓掌祝贺。而袅袅的爸爸正相反，他认为严厉才能促使孩子努力，所以他总是挑剔孩子的手形毛病，在她弹琴时叫着：手又瘪了！后来，女儿干脆反抗，爸爸在场她拒弹。有几次她还为弹琴的事暗自哭泣呢。

为了能让她增加学习钢琴的成就感，把学过的东西进行反刍、巩固，我曾约请女儿做过我的钢琴辅导家教，她把着手教我时显得热忱、和蔼、好说话，以至我常想在教师节给她送卡。想想连小孩也懂得尊重求学者，晓得愉快教育。我想，千万不能太过分，否则，小孩长大后在回忆童年时会发现一个晦涩偏执无情地夺走他们欢乐的身影，这身影很可能是他们的父母。

我常跟钢琴老师说悄悄话，让她不要给袅袅布置太多的练习，我们就是想让她从兴趣出发，学到音乐和弹奏的真谛，早一点，晚一点没有问题。老师纳闷极了，大概从没见到过如此家长。其实她不知，我最害怕伤了孩子学习钢琴的热情。只有孩子喜爱，她才能真正从心里流淌出创造和学习的快乐啊。

所以袅袅练琴变得比较宽松，常常就自己练，因为我不会逼她。一度，袅袅的琴艺进展缓慢。但学到一定的程度，她自己怎么也不愿意放弃了，因为还是喜欢。有一天，学校开音乐会，邀请袅袅上台弹奏，她弹奏了一曲《再见》，引来同学的阵阵掌声，由此悟到钢琴弹奏的魅力，它能慰藉自我，还是一种能与别人交流情感的美妙方式，于是，袅袅积极性大增，顺利考下了10级。

我觉得学琴说到底是为了滋润孩子的心灵，美化孩子的生活。现在，每当节假日，我总喜欢倾听女儿弹琴，听着听着心中就会有一种深深的感动，因为她弹琴时脸上洋溢着那种优雅的神情，似曾相识，是那

种心里飞翔着仙乐的女孩。她喜欢肖邦的《雨滴》、贝多芬的《田园奏鸣曲》，谈起音乐如数家珍的神态也让我欣喜。

我常常庆幸自己有个会弹琴的女儿，琴声是最体恤人心的，从此往后，袅袅就像有了永久的朋友，她可以在琴声中倾诉与交谈；甚至，我们全家会因为回荡着的琴声而更相爱。每当袅袅弹琴时，我都感觉她像一个头上有着光环的天使，让我重温童年的梦想，倾听这犹如天使歌声般的钢琴曲。同时我也觉得父母在教育孩子的时候，一定不能着急，把好的东西给孩子时，孩子不接受的时候可能是途径不对，父母有眼光找出孩子的长处，还要鼓励孩子找到通往那里的美妙体验。

袅袅曾对我说，很想请要好的同学到家里来开个家庭音乐会。我想，她愿意与同学分享她的快乐和成果，那应该鼓励。我对她说，只是要等她的弹琴水准到达更高一步时，那个音乐会才能开得成功。袅袅很满意，她常常在弹得顺利时说：“快了！快了！”

我成为袅袅的一个最忠实的听众，在美妙的音乐旋律中，我们彼此的心灵会聚合在一起。

## 17. 我和你是不一样的——最初的独立宣言

袅袅对妈妈的依恋，过去是很出名的，几个月大的时候，她很好玩的，好像怀有一种神奇的心理暗示的，每当我心里盘算着要离开她外出一次，她就会有反应，或是缠着我往我怀里钻。有一阵发展到每天下午一定要枕着我的腿，紧紧抱住，才能安心午睡，可是我总有要事的呀，最后只能使唤权宜之计，用海绵之类的扎起一个圆柱体，做成模拟的“妈妈的腿”。这样她午睡时我可以慢慢抽身，将那“妈妈的腿”让她枕着，等她午睡结束的时候我也差不多赶回来了。后来我离开的次数多了，她反而渐渐适应，不需要“妈妈的腿”了。3岁的时候，该去托儿所了，可她不想离开温暖的家。亏得她有好胜心，我们借助了这一点才做通她的工作，刚去托儿所的时候她不肯和小朋友坐，只肯坐在老师身边，后来习惯了，才高高兴兴走出家门，一整天和小朋友在一起。

可是一旦她能走出去了，渐渐成长就不一样了，有了自己的心思，主意很大。5岁的时候，我发现母女俩开始有许多不合拍的地方，比如有一次我要去参加文学笔会，出版社让我带袅袅去，我悄悄买好机票准备临行前让她惊喜一番。不料临出发她明确表示不愿去当“小尾巴”。我去退机票时心里恼着呢，想对这小家伙说几句牢骚话，可终于忍住了。想想大人也难以拒绝一些很多人羡慕而自己并不爱做的事，而袅袅能很自在地推掉这对绝大多数孩子来说都求之不得的事，可见她多有主见。所以后来再遇到这类事我都先同她商量，以免自讨没趣。

她的处世方式和我的不同，但我注重她的独立意识，因为有时候目标是双方认可的，怎么到达，是可以有多种选择。所以袅袅开始把我当成她的好友，我俩常常说些好笑的话，旁若无人地笑成一堆；有时两个人一同去看电影，挨着坐还要手拉手，好得就像一个人。她跟我咨询过如何长高，她最想长高，在幼儿园办家家时，一些高大的女孩当妈妈，矮小一点的女孩当女儿。袅袅长得很小，连女儿也当不了，只能做女儿的布娃娃，大家轮流来抱她，抱得她特别愤怒。

女孩的自尊和自爱是弥足珍贵的，记得有一次我们带袅袅去亲戚家吃饭。当时，袅袅还是个刚学会独立在椅子上坐着的小不点，大人们好久不见了，说说笑笑，相互碰杯，都没在意她的存在。不料袅袅悄悄地哭起来，她觉得受到不同的对待。我们连忙跟袅袅碰杯，说笑，像跟在场的每一个大人一样。我们没有理由不把小孩当“人物”看待，同样也应该给她以尊重。

后来袅袅的“平等要求”不断升级，比如装修新房子，袅袅对儿童室要提设想，说想要带小梯子的床，要把房间的墙壁涂成肉色。我觉得这是正当要求，那将是她的小天地呢。所以在装修时，我让匠人按这些原则去办了，在橱壁上还写了“袅袅的家”。搬家前，我特意带她去认识她的新儿童室，枭枭一看，十分惊喜，说："我就是想要这样的房间！"

到了秋天，面临枭枭是否马上进入小学，我和枭枭爸爸各持己见。我想让枭枭晚一年念书，她因为早产了半个多月，生日刚好挤进了八月份；而且长得小，再说钢琴正学到关键处；还有幼儿园也答应破例再收我们枭枭念一年幼儿园大班。枭枭爸爸呢，说是让女儿早读一年书早一年出道。还有他敢断定他女儿脑子灵，读书不会很费力。

两个人的意见相持不下，双方都觉得自己提的是最佳方案，所以都理直气壮，凶得像要把对方一口吃掉。这时忽然想起，不妨问一问当事人的意见。

为了拉拢住枭枭这关键的一票，我在她耳边讲了许多晚一年读书的好处，还许了几个愿，比如带她出国旅行什么的。不料小家伙斩钉截铁：我要读书，我长大了，再也不去幼儿园。

我不相信会惨败，还在等转机，直到开学前一天，给枭枭买回个新书包，当我看到夜里枭枭兴奋地抱着书包睡觉时，心里暗暗为自己的这一次失败高兴：因为我把赢的机会给了枭枭。

也许是因为这个小波折，枭枭很为争取到的学习机会骄傲，总说：我妈妈想让我晚上学。她的意思是：上学的机会是靠她自己争取来的。

我在她上学这件事上，竟然成了家里的"保守势力"。好在我并不顽固，顺乎了家里的三分之二大众的心愿。

独立并不是一蹴而就的，孩子自主性发挥的时候，我们很少给她束缚。因为孩子的独立是大命题，她需要很多体验，才能摸到万物的规律，人生的真谛，属于"试飞"，所以试飞的时候多遇到一些各种状态，到了真飞的时候才能胜任。

十来岁的枭枭不断冒出各种念头。比如带她坐了几次飞机，她觉得在飞机上时间长，不好到处走动。有一天她突然对我说，想给航空公司的总经理写一封信，建议给乘飞机的小孩发一个魔方，好让小孩在飞机上有事可做。我笑笑，理解她的意思。过了一天，枭枭又说："我不认识总经理，写信给他，他收到后就认识我了吧？"我点点头，赞同她去尝试着实施自己的想法。后来她就自己处理了，没有再犹豫。我把自主权给了她，我想事情进行得顺或者进行得不顺，想必她都能从中收到教益和经验。

袅袅对我的写作存有成见，因为我常常陷在小说中，让她觉得母亲被分享掉了。她常常吵吵嚷嚷说写作没什么大意思，又怪我不写一本只印给她一个人看的书。可她念二年级的一天，突然很神秘地告诉我，她投了我一票。原来学校发评选优秀少儿读物的选票，她一看有我的书，毫不犹豫地给了我一票。后来，《男生贾里》榜上有名，她很得意，好像这一切少不了她那庄严的一票，幸亏了她的鼎力相助。不过，她那种关键时刻知道胳膊肘往里拐的义气也让我觉得这样的朋友值得一交。

尊重孩子的独立，爸妈需要大气，有时候不妨换位思考，不能因为孩子没有按照大人预想好的去做，或者打碎了既定的计划，不按爸妈的辛苦付出去行事就惩罚孩子，冷落孩子。那是因为孩子这么做，也许是有原因的，有时是因为心里没底，有时是因为要掩饰什么，有时为了证明什么。成长是一个错了就改、对了就继续的过程。有时孩子绕些弯路，还会返回来重新选择，有时孩子在弯路中得到了反思，坏事变成好事，有时孩子走的却是貌似弯路的大道，最后是皆大欢喜。无论如何，孩子是爸妈的孩子，更是一个独立的人，最终将成为社会一员，去创造自己不可替代的人生。我们想帮助孩子快乐、幸福，找到自己的位置，但不能指望孩子看爸妈的眼色生活一辈子，更何况，谁都不能担保哪一种生活方式对孩子最合适，所以，孩子的观点不必和爸妈的观点相像，事实上，也不可能如出一辙，因为每一代人都有属于自己的准则，都有属于自己的光荣或局限。

袅袅有时也会摆出“我和你是不一样的”架势，但并不意味着对亲情的背叛、挑衅，而是说明她正在成长之中，有时候孩子体验成功中包含着要挑战大人。

## 18. 经济头脑的故事

静以修身，俭以养德。对金钱的态度可以体现一个人的人生观。

臬臬是个很有趣的小孩，有时特别慷慨，有时却抠得要命，大人觉得好笑，可她却一本正经，觉得这么简单的事，有什么可大惊小怪的！

臬臬很小的时候就有一个漂亮的钱包，压岁钱、零花钱由她自己保管支配。我和臬臬爸爸出国回来，也会留一些各国的零钱给她，本来是想从小培养她一些经济头脑，让她懂得节约。不料，也许是臬臬爸爸学了那么多年经济学，有了遗传，女儿居然像一个天生的"铁算盘"，对自己的钱管得非常仔细，很会打理，大票面小票面分得清清爽爽，世界各国的钱币过目不忘。而且，钱包总是藏得很隐秘，以至于我从来都没找到过，当然，我也没刻意去翻她的东西。有时带她出门，她会煞有介事地带上10元钱，可到了商店，看到有她喜欢的东西，她就要我买了送她。假若我说："用你自己的钱买吧。"她一定会说："算了，买这个没意思。"怎么也舍不得随便用自己的钱。

有好几次，看她恋恋不舍地看柜台，我实在不忍心，就付了账，把东西当礼物送给她，那时，她总会感激万分地说："妈妈，你真好！"然后要么亲亲我，要么说："我帮你捶捶背。"常常就在大庭广众之下为我捶背，而且捶得格外卖力，不知真相的人一定会以为她在打妈妈呢！

有一次，给臬臬买早点，恰巧碰到店里没零钱找，我只好向臬臬借一角钱。我向她借钱时，她犹豫一下，最后还是借出来了。可是一进家门，她就要求我归还她的借款。我提醒她，是给她买东西！可是她却振振有词："你说好是借的。"没办法，我只能立即找出一角钱还给她。



事后我常常想，这个小孩会不会变成吝啬鬼？有一次，我和臬臬爸爸在一起说话，说到这一阵家里添了东西，客人不断，开支太大，快要入不敷出了。我们说过也就忘了。到了晚上，突然看到桌子上放了几十元钱，臬臬指着它说：“你们钱不够了，这是我送你们的！”我问她要不要还，她很干脆地摇摇头，像是经过了深思熟虑。

我们收下钱，虽然区区几十元，但却体现了臬臬会把钱用在刀刃上了。果然她从此没来讨还过这笔钱，而且，只字未提这事。

臬臬是个不舍得花钱的抠门小孩。她的钱越积越多，我们就带她去银行存下一笔，这下，每次她走过银行，都会若有所思地问：“什么时候能拿到利息呢？”她确实是个珍惜每一分钱的小财迷。可每到过年，她会主动拿出钱来给外公买一包烟；给外婆和妈妈各买一包瓜子，她在掏钱买这些东西时，脸上的表情就像个慷慨的百万富翁。

我和臬臬爸爸每一年生日，都会收到臬臬的一样礼物，臬臬送我的都是漂亮的东西，有一年我收到她买的丝巾，很美丽雅致，有一年是收到她采来的一朵鲜花，红色的，让人看了怦然心动；还有一年她送了我一个色彩高贵的手机袋。还有一年，她没送花，送了我一个英文名字。因为她有一个英文名字叫艾丽丝，她很喜欢有两个名字，所以也想让我有两个名字。她送我的英文名字还很上口的，我想，如果再早20年，我也许会对这个礼物欢喜不尽的。因为除了我亲爱的女儿，谁也不会想到我该有个美丽的英文名字。这个“铁算盘”送的礼物我很珍惜，我常常在重要场合用她送的丝巾什么的，这让她很有成就感。

而臬臬爸爸收到的臬臬的生日礼物是很好笑的，有一年是一个新式的拖把，因为他最喜欢家里一尘不染。还有一年臬臬淘来一本封面破烂的旧杂志做他的生日礼物，他喜欢收集旧书刊，有时候一本喜欢的旧书找不到了，他会急得茶饭不思，好像失恋一样。今年，臬臬送他的是一把带着皮套的木梳，很有品位的。

记得有一年我过生日前，臬臬爸爸让臬臬买蛋糕，因为小家伙好久不花钱，钱包鼓起来了。可是臬臬不肯，说：“蛋糕应该归爸爸买！”

他说服不了女儿，暗地里骂她太小气。可臬臬不以为然，她说：“我出生日蜡烛钱！”天知道，她是怎么知道蜡烛要比蛋糕便宜得多，真是个不折不扣的“铁算盘”。

枭枭出了生日蜡烛钱，然后做了漂亮的生日卡，在上面歪歪扭扭地写上：“妈妈生日开心！”到了那天，我去学校接枭枭，万万没想到，许多小朋友都围着我说：“枭枭妈妈，祝你生日快乐！”

事后，枭枭透露给我，是她告诉她的朋友们，今天是妈妈生日，并且叮嘱大家别忘了祝我生日快乐！那真是一份比蛋糕重得多的厚礼。

不过，我和枭枭各有自己的钱包，她的零花钱、压岁钱、稿费都自己管，我们两个人常常亲兄弟明算账。她对自己的钱管得紧，这还不算，一度她还常常提议说要代我管钱，大约是怪我爱花钱，不过，我这一次没答应她，我说我们是朋友，朋友间最好相互尊重，有来有往，自己有独立的空间，即便我们是至亲的母女，也不要包办代替，但你可以提些如何节约的好点子。她听后爽快地说：“那好吧。”从此再没提替我管钱的事，花家里的钱也节约多了，时常送我些小礼物，表示“有来有往”。

枭枭长成小少女的时候，还是一如既往，并没有为了获得面子和荣耀去挥霍过一次，而在她身边却有这样的同龄人：有的自己可以支配钱参加社交，买喜欢的东西，也很有计划，能安排好收支。而有的是一有钱就猛花，不知道节制，向往的是奢侈。还有的孩子，爸妈不让手头有钱，这方面的自主性可能会低了一些，有时也不方便。最糟的是有个别的因为囊中羞涩觉得自己没有尊严的孩子，在有钱的同学面前觉得气馁、自卑。

从小到大枭枭这方面都很理智，看样子永远都不会“败家”，她所用的花销会记账，有了钱会考虑储蓄。她有个百宝盒，里面放着数百元现钱，上面写着“老年基金”，是留着专门在孝敬长辈的时候花的，可见人家还是“计划经济”呢。

枭枭爸爸看女儿买东西要先看“性价比”，而且对经济有兴趣，就得意得很，趁势教她做基金和股票的原理和规则，给她推荐经济书籍。现在她是自己的“财务主管”，家庭的理财高参。更重要的是她在理财方面的计划性和自我管理能力还会体现在其他地方，她把学习和生活调理得有声有色，有自己的人生计划，而且居然在念大学时选择了与经济相关的专业。

# 19. 游戏，儿童的权利

枭枭小的时候喜欢用积木搭一个小宫殿，住公主和王子的，那样她就能尽情地做一做公主梦。枭枭很爱美，常常摘些小雏菊打扮她的小天地。枭枭还很有爱心，她有个布娃娃，取名丁丁，那是她最爱的。受了委屈或是心里不愉快就和丁丁说，她爱抱着丁丁，连吃饭、洗澡都把丁丁带在身边。枭枭入小学时，许多朋友都劝我不让枭枭再抱丁丁，因为她已长大了。不过，我觉得不管大人和小孩，都可以有自己的爱物。况且丁丁能给她安慰而又不妨碍任何人，所以不干涉此事，只是常常督促枭枭给丁丁洗洗衣服，保持清洁。枭枭很乐于给丁丁洗洗涮涮，过年给丁丁换新的行头，学会了不少照顾人的本事，她像模像样地自称是：丁丁的姐姐。

枭枭还很喜欢和其他小朋友玩想象的游戏，她们把扫帚当船桨，把房间中的大地毯当大海，她们在海上泛舟的时候，非要把枭枭爸爸的皮带和名牌领带扔在地上，因为在她们看来，它们就是海里的电鳗和带鱼，后来，她们还想要一只大海龟，戴上“仁者神龟”的面具还觉得形态不像，结果就把我那软软的大枕头征用了，五花大绑在背上，视觉上活脱脱地成了“人龟”。她们有时玩得把作息时间都打乱了。

枭枭也玩生活里的一幕幕，有时候她把大大小小各种量杯都找出来了，调制好喝的饮品，结果那饮品不甜也不咸，里面还有咖喱粉，不过不是故意洒进去的，而是不小心整袋打翻在里面，捞出袋子的时候，她只顾打喷嚏，结果袋子掉在脚面上，顺便把白袜子染成黄的了。有时候她也做营业员，非要把我的皮包一次次地卖给我，当然是慷慨派送的，不收费用。而有的时候，她想起要做售票员，我走过客厅她就打给我一张小票，有图的。有一次她做园丁，把楼下的行人当成了树木，还喷了不少水下去。

不过，好像游戏也给了枭枭一些看得见的回馈。雨季来的时候，她在家里玩野炊，兴致勃勃地想出很多古怪的菜名，算是宴席上的菜，想完以后觉得不够好，看见家里有一本从日本翻译过来的烹调书，她先是在游戏中学做书里的点心。后来不满足了，干脆就在厨房里摩拳擦掌，要来真的了，我答应做点心师的助手。结果她照着烹调书做出来的点心很好吃，样子也妙曼，就是甜得“比蜜还甜”。她决定多做些点心给亲戚们分享，亲戚们觉得很惊喜，品尝后众口称赞。后来枭枭动力更足了，买了一些各国的烹调书看，再后来，她还直接找原文去查证食品的名称翻译得对不对。用了这么多脑筋后，她顺便也对世界各国的饮食特点和风土人情有所熟悉了，地理成绩奇高，英语水平也上得很快。

游戏也给枭枭结识朋友、建立友情的机会，刚进学校的时候，枭枭的朋友不多，有男孩子吓唬她说，学校门口有人贩子，所以枭枭看见捡垃圾、拿蛇皮袋、背大锯子的人都会惊慌失措的，觉得他们就是传说中的人。后来她通过一个叫奇多队与黑手党的游戏，发泄了愤怒和恐惧，在游戏里她可以把惹她的人送给坏人，用想象中的枪防身。在那一阵，她的口头禅是：“冒险刚刚开始。”在游戏中她胆子大了，也合群了，好像校园圈子是自己熟识的，属于她的。

另外，游戏让枭枭体会到和不同的孩子交朋友的标准：你得好玩，有意思，有点本事，大胆，接着才是忠实、豪爽什么的，那样会有人缘的。另外就是会想到别人，如果你有一个很大的饼，要和人分享。还有玩的时候不做常胜将军，不然就没有人和你玩了。也不能太凶，不然大家躲着你。另外心肠要好，大家都会暗暗鄙夷品格不行、性格自私的同伴。

直到六年级，袅袅还“玩心未泯”，每天晚自习前，常做游戏，有时候很诗意，跟同学在月亮、星星下对诗玩，有的时候就和同学一起玩抓人游戏。我想到我的女儿，身上穿着讲究的衬衣，在那么好的学校里跑得气喘吁吁，披头散发，就很自豪，因为她是乐呵呵的，有了开朗的笑容，找到属于自己的快乐。我从来不扫她的兴致。我觉得有充足、完善的童年，能使她一生都有沐浴阳光的感觉。

记得那时我每年也参与一个游戏，那就是扮演“圣诞爷爷”。每年，我都会在绿色的或大红的大袜子里面装上袅袅可心的礼物，另外把她留着送给圣诞爷爷的小礼物取走，我花很大的工夫做得天衣无缝，直到她小学毕业了，还坚信是有圣诞爷爷的。解密答案的时候，袅袅很生气，可是过了一会儿就想通了，后来再想起，就有温暖的感觉在。人在童年时，总要信一些什么，心里才会踏实。尽管长大后觉得圣诞爷爷只是一个童话，但温暖和快乐已经永驻心间。

这也是游戏的寓意吧，游戏的不平凡和重要性，是使孩子从体能、情感、社会参与方面有了模拟。一个开明的家庭，应当注重孩子全面的素养。自信、自由的心、热爱生活，肯定生活的能量也可以萌发于乐趣和温暖。

我也常常收到学生的控诉信，看来父母软硬兼施逼孩子多做功课已成了社会病。敢于不满的孩子很多，但其中有一些学生很悲观，认定自己的童年就是乏味的。有一次我问几个在家里天天开小灶补教辅的学生：你们喜欢爸爸妈妈的哪一点？他们发着牢骚，翻着眼睛半天想不出一条好来。

我想起过去的父母，虽全然不具备包揽小孩学业的牺牲精神，但他们把求知和人生的选择郑重地交给小孩，高高低低的求索路由小孩们摸索着走，这虽显得朴素粗糙，却有着天然的科学和理智。

虽然时世不同了，但善做父母很重要，不需要太急功近利，培养小孩是系统的事，最要紧的是让孩子具备学习的动力和生活的能力。现在家庭教育的标准和目标比较模糊，家庭好像是私塾，也是只抓学习的，而不是孩子温暖的栖居地。学习的动力是什么？要找到幸福，要具备肯定生活的能力，家庭给孩子提供情感支撑，爱和温暖也许更重要。何况有时候所做的作业量并不代表知识量，特别是年龄偏小的孩子，游戏是孩子的权利，也是他们感知理解生活和人群、保持童年天性的方式。

去日本参加哈利·波特和纳尼亚传奇的研讨，意外地得知，在日本的一家幼儿园里，小孩在做游戏的时候都有了大变化。玩办家家的小孩无人愿意演爸爸，觉得这个角色最无趣，何必要做这样的人。小孩们也不想演妈妈，觉得妈妈整天干活，辛苦。最后小孩们也不愿意演自己，因为自己整天被家长拉着出去上补习班，太没劲。小孩们觉得还是家里的宠物最开心，所以只愿意演小宠物。看来，大人们得把从孩子那里盘剥掉的快乐和天真还给孩子。

## *20. 在卢浮宫里迷失*

对于孩子，美是没有极限的。我觉得孩子们有天然的优秀的艺术直觉。记得袅袅五岁那年，我曾在一个风雪之夜带她去看《吉赛尔》，她被其中那哀婉的忧郁剧情所打动，深深地沉浸在那精致的抒情当中，目不转睛，直到剧终。回到家后她还念念不忘那一群少女幽灵以及英俊的青年伯爵阿尔布莱特。我关注着她神采飞扬的眼神，为她那小小的灵魂里飞进一些优雅和诗意而庆幸：与艺术相伴的人，即使在傻坐发呆的时候，心情忧郁、恐惧灰心的时候，仍然拥有深爱神往的美丽境界。

孩子像花蕾盛开，对孩子不能用“头疼医头，脚疼医脚”的教育方式，应该用欣赏的方式，更应从“心灵关怀”的角度去关爱，提高孩子的精神境界，开发他们的想象空间，并从中得到愉悦与美感等等。

文学和艺术都是很适合孩子的，孩子读了文学作品，会对文字产生一种亲近感，提高自己的领悟力，创造空间，而美妙的音乐能让孩子的心灵有依托，有灵动的心灵激荡，从中得到愉悦与美感等等。而美术绘画艺术，那些色彩和线条下有着情感和审美的召唤。

至于对古典芭蕾，我一直怀有孩童式的仰慕，而且我认为它很适合孩子去欣赏。因为它有纯净的剧情，对爱和情感的善意信任，以及恒久的理性思考，人类肢体的绝伦的感官美，还有就是通过艺术化的足尖舞焕发的扣人心弦的魄力。

在生活里常常有不适合孩子的环境，有一次去订一个老牌的饭店的包间，发现包间的名字叫财源滚滚。觉得流俗得太厉害了，要求饭店换一个，结果只有一个叫“风花雪月”的包间了。我几次去日本，有一次听见日本同人都会唱童谣，那些童谣是爷爷奶奶、爸爸妈妈小时候都唱过的，一听到这个童谣，老人和年轻人，还有孩子都能唱起来。那些童谣的歌词都非常风雅，非常美和天然，如火烧云（夕阳），海滩啊，美丽的姐姐……日本的有些家庭好像很注重对孩子的美的培养，雅和美，永远是有价值的。

亲情、信念、尊严，都是支撑一个孩子追求美好的基础，可是要能鉴赏美好，首先要体验美，体验美好，这中间有体验艺术之美，体验生活的美和乐趣，体验人情人性的美好等等。

诗歌、音乐、书法、绘画、戏剧等等都能对孩子的艺术审美能力打基础。和臭臭在一起的时候我会管孩子审美的东西，和她一起看画展，观话剧、儿童剧，去博物馆看有意思的展览。就是和臭臭一起散步，我们也会讨论哪个角度景观美，美在哪里，哪个商店的橱窗布置好看，我们的眼光有各自的偏爱，但是彼此对于对方的审美观都了解，也高度认同。我们一起出门旅行的时候，会淘一些漂亮的东西，带回来藏宝一样地收着。所以给别人选礼物，我有时会犹豫，不知道对方是否会中意，给臭臭选，有百分之百的把握，因为太了解了。而她送我礼物也很准，彼此的心意，对美的理解都很相通。

记得多年前我要装修新居的时候，家人在一起讨论装修的风格，臭臭冷不丁把凡尔赛宫的画报拿出来，说：“我就要这个风格。”弄得我哭笑不得。我跟她解释，我们的家要弄得很漂亮，同时过日子要很松弛的。可是那画报是很漂亮，结果，我请了工匠把臭臭房间的顶部描了一些金色的线条，还比较高贵、美丽，为她的审美意思一下。臭臭喜欢艺术，艺术精灵给她有小鸟飞翔天空的感觉，我心里是欢喜着的。因为这都是好东西，一旦孩子拥有了这些，便不至于心灵贫乏，一无所有。孤独痛苦时，还会有艺术精灵来陪伴，来慰藉灵魂。至于将来她是选择什么方向发展，那就全由她自主。一个人的一生，只有找到自己最喜欢做的事，才能尽心倾力，灵性焕发，成为一个幸福的人。

可是袅袅课业越来越重，尔后的情景有些每况愈下，后来几次带袅袅去看芭蕾、观演出，她常常会在其间打哈欠，或是悄悄地点着小脑袋打瞌睡。我便轻轻地推着她，提示她饱饱地汲取艺术精华，将美的一幕看在眼里，烂熟于心。每逢这时，她会歉然一笑，说："妈，我做功课做得累死了！"我何尝不知这个缘由呢，心里疼惜孩子被繁重的学业拖累，又生怕心爱的女儿还未接受良好的艺术启蒙，她的孩童时代就已飞驰而去。

又有一次带袅袅去观看尼娜·安娜尼雅什维莉及世界明星芭蕾精品专场，那是一场顶尖水准的演出，它显示了每一位演员的令人惊叹的艺术造诣：尼娜在《天鹅湖》片断中诠释了忧郁凄美的情致，她的大跳、高度、完美的柔韧性中无不带着神秘的气质，那称得上是艺术最完美迷人的境界；而茵娜·彼得罗娃饰演的吉赛尔，飘逸轻盈得如同漂浮在水面上，仿佛那是灵魂在飞舞，充满精神之美；《海侠》双人舞跳得堪称技艺精湛，仿佛能够让观者体察到血管中梦想翱翔的血液在潺潺流动。《根萨诺的花季》则凝炼典雅，饱含深意，萦绕于人心，挥之不去。然而，我最爱的小孩却熟睡在扣人心弦的演出中，我轻轻地晃晃她，巴望她能醒来，然而她却是疲倦得睁不开眼睛。在孩子的生活中充满了没完没了的纸上劳作，太多的死记硬背，它们耗费了孩子的浪漫天性以及对创造奇迹的渴求，每想到这些心里只有无声的叹息！

车快开到家了，袅袅才惊醒过来，她不安地转着头，询问漏看的内容，脸上带着无限惋惜！我想关键不在于少看半场经典芭蕾，而在于如果我们把孩子束缚在分数、作业之中，那他们很可能会变得缺乏远见，视线只囿于鼻尖下的那点东西；而事实上，许多人是一出发就忘掉了初衷：每个人在课堂上学到的那些知识远远抵不上从社会、人生、生活上所获取的新知和必要的技能、经验。更何况，尽管寻求幸福的途径有万条，但唯有一个人拥有仁慈、安详的心，幸福才会与之结缘，而艺术则永远是吹拂人心的春风。

尔后，我们家庭的艺术活动有增无减，我把无意思的教辅推开，休息天和臭臭看达利的画展，还有赵无极的。放暑假的时候，我们去博物馆，去饱览世界的美好。

臭臭去了不少博物馆，她喜欢希腊、罗马的雕像，中国的各种玉器、清代的瓷器、釉里红、粉彩、一部分斗彩，还有仿宋朝名窑的瓷器，如汝窑的，定窑的，哥窑的。她还喜欢西方16世纪以后的绘画，18世纪以后的银器和瓷器。说起俄罗斯皇室的复活节彩蛋，也是津津乐道。有一次，我们一起去卢浮宫，她东看西看，流连忘返，结果在卢浮宫里丢了。她看那些文物和艺术精华，再探究它们背后的时代。历史知道得多了，臭臭对儿女情长的电视剧不喜欢，说那些东西都是牵牵扯扯的。她看历史剧也很挑剔，喜欢有史实根据的，如果剧中把某个历史人物神圣化了，她还很反感，说："把这个皇帝做的错误决策说成迫不得已，观众以为真是这样的，不客观多不好。"

臭臭从小学起陆续发表习作数十篇，曾多次在全国及省级以上作文大赛中获奖，2003年获"中国少年作家杯"全国征文大赛一等奖，2004年获第四届沪港澳与新加坡四地读书征文佳作奖，后来在上海的古诗文大赛中获奖。她在绘画方面的才情也得到肯定，已发表、出版图画200幅，部分美术作品被上海儿童博物馆收藏。我觉得，这些童年起的不间断的艺术熏陶很重要。如果没有这些，她也许是个只擅长做作业的孩子。现在她有了生活需要的更多的能量，以及美和趣味。

## *21. 爸爸不是局外人*

臭臭小的时候和别的小孩一样，老是要区分家庭成员的亲疏，她跟我很亲近，母女之间息息相通。有时臬臬冒出一句小孩话，我都懂，而臬臬爸爸听着茫然，有点费解，所以臬臬觉得爸爸笨笨的。臬臬爸爸做事情、说话比较直率，臬臬就觉得爸爸凶凶的，像个局外人，看见他出差了就特别高兴，说："最好不要早回来呀。"有一次臬臬爸爸提前回来了，给我打电话，居然想在附近的宾馆里住一晚才回来，好像心里有障碍似的。

臬臬爸爸同事的女儿是我的小书迷，有一次同事向女儿介绍臬臬爸爸，说这是秦文君的丈夫。那小姑娘"哦"了一声，说："真替秦文君打抱不平，怎么找了这么个平常的人。"臬臬爸爸觉得好玩，回来学。这下，臬臬找到了"理论依据"，好几次她都说："你怎么找了这么个丈夫呀。"爸爸不能顺着她的心思，或者故意惹她玩时，还说自己的爸爸不好，应该换一个新的。

可是爸爸对于孩子的生活，孩子精神层面上的成长的作用是不可替代的，我觉得臬臬应该早一点意识到爸爸是很了不起的，世界上不是能创造一些小小的惊喜的就是优秀的人，有的有趣的有思想的人是藏得很深的。

有一次臬臬爸爸生病了，我正好要出门，就托付臬臬来照料她爸爸。那一次她发现爸爸生病打针的时候也怕疼，和她一样，反而觉得很亲切，所以把爸爸照顾得特别好。见爸爸不想吃东西，就假装要检查他的喉咙肿不肿，等他张嘴的时候就把一大块饼干塞进他的嘴巴。她还去买了贵的东西给爸爸吃，也不把内情告诉爸爸。后来臬臬爸爸打吊针，臬臬在家赶制了美丽精致的祝福卡带往医院，这样，臬臬爸爸的病也不好意思不痊愈呀。

我经常在臬臬爸爸不在的时候，把他的故事告诉臬臬，包括他的童年，他的奋斗，他初为人父时出的洋相，后来臬臬慢慢意识到，爸爸有自己的镇人的本事，但爸爸也不是无所不能。 随着臬臬的长大，她越来越多地看到自己与爸爸的共同点，他们都喜欢花样滑冰、芭蕾、交响曲，臬臬爸爸是比较雅的，注重养生，没有不良嗜好，臬臬如出一辙，听到什么东西对健康没有好处，再美味也不去碰了。臬臬爸爸要么不说话，说出来的话就努力做到，臬臬说话也很严谨。一家人有共同的话语，但是家里人的观点有时不同，各自保留。这些不同有的是因为性别，有的是因为视角不同，有时什么也不为，要自成一派，故意逗对方，家庭开明的气氛，但要让臬臬明白，我们是亲密的一家人，也是保持独立想法的人。爸爸对于孩子的成长是何等重要，他不仅让孩子多一个渠道找到世界的深奥、人的丰富，还给孩子不同的表示爱的方式。

爸爸的心肠有时很硬，那往往因为强烈的责任感，爸爸的心有时很柔软，因为对孩子的挚爱。爸爸对女孩，还有一种无限宽厚的包容，一种无法言说的永远的珍惜和怜爱，无论对于哪一类孩子，父爱都会有无边的暖意，理性的火花。记得在我小的时候，曾经一度认为自己的父亲是个软弱的人，他从来不发火，一辈子也没看他有过对立面，总是心平气和。等我长大成人才意识到，其实他是个非常慈爱的父亲，非常民主，而且对孩子教育非常有办法，是个了不起的父亲。

刚上学的时候我非常不愿意去学校，新老师太严厉了，总是让我们手背在后面，眼睛还得看着她。我上课时很害怕，眼睛一直看着她，结果她又说："你怎么老看着我？"我在《会跳舞的向日葵》里写到的小女孩香草，有我自己童年的经历。当时热爱植物和昆虫的我是个"野孩子"，整天在小花园里。我看到向日葵会跳舞，但是其他同学都没有看到向日葵跳舞，所有的人都不相信我，我感觉学校没有温暖和信任，所以不愿意去学校。其实我小时候真的多次亲眼看到过向日葵跳舞，太阳快下山的时候向日葵就会摇摆跳舞。

我不想去上学，就躲在家里，一天不去，两天不去，后来就更不想去了，因为怕同学问我是不是逃学了。父亲帮我想了个办法，叫我带"堵嘴的糖"去学校。其实是他准备了糖，让我带着给问我问题的同学吃的。有同学问我："你怎么不来上课呀？"我就给他一颗糖说："请吃糖吧。"如果他还继续问，我就继续让他吃糖。父亲让我用这个办法回到了学校，主要是帮我克服了尴尬。再小的孩子也要尊严，有时孩子为了掩盖或解决一个尴尬，不惜一切，结果付出了更多，所以学会克服尴尬很重要。成长中会有很多尴尬的事，有时候为了一件尴尬的事可能就改变了孩子的取向。

我很幸运，处在成长的每一个关键阶段都有父亲的影子。小学时他让我发挥天性，热爱求知，自由成长；到了少女时代，他告诉我在外面吃饭，任何情况下不能碰酒，能把握自己，保持一种理性；等到我结婚前夕，他又告诉我，永远不要责备所爱的人，不然对方的心会远去。这些话很有道理，让我获得了幸福和智慧。

成长总会有反复的，我童年中还经历了一次"叛逆"，因为一些事情又不喜欢学校了，吵着要休学、转学。父亲没办法了，就跟我说，我们来

个约定，我好好地去学校三天，如果三天中我能做一个快乐的学生，我就休学或者转学。我当时欣喜若狂，心想反正再去三天就不用去了，所以眼光就宽容了。结果那三天风平浪静，一切都好。到了第四天的早上，我想父亲肯定会问我的意见，到时候我就可以坚持要转学，可是父亲却非常忙碌，看都不看我，根本就没有主动跟我说话。我想他肯定是把这件事忘光了，于是我只好背着书包先去上学了，结果后来一直这样下去，好像不知不觉就把那道坎给跨过去了，最后在学校生活里真的找到了乐趣。等我长大以后父亲才告诉我，他当时紧张极了，生怕我跟他提这件事。我出门以后，他在窗户前一直目送着我，直到确认我是往学校的方向走了，才放下心来。

有父亲的日子真的不一样，很温暖。我在黑龙江山区“上山下乡”当知青时。有一次父亲出差到黑龙江，中间有一天空，他想到要去看我，当时通讯不发达，父亲过来前特意给我拍了电报，告知这消息。但是大雪封山，我没有收到那重要的电报。结果父亲下了火车，搭了拖拉机，又步行了数小时才找到我那在深山老林的连队。他到达的时候已经是半夜了，坐了一下就又要返回去了。父亲没有对我说什么，只说看我生活得挺好的，也就放心了。后来父亲去世后，他的朋友告诉我，那次探望我回来，父亲心里堵了好久，但是他从来没跟我说过，怕干扰我对生活的判断和信心。



2007年初，我父亲被查出到了癌症晚期，家里人非常震动和悲痛。他生病的时候我经常去陪他，我们在一起会谈很多东西。其中很多就谈到我小的时候的事情。对他来讲，作为一个父亲，他记忆最深的还是他年轻的时候和孩子在一起的记忆。所以，很多记忆是我们的共同回忆，我们在一起非常温暖地回忆这些细节，这些童年有趣的生活。在这个过程中，我沉浸很深，很多遗忘的东西都回来了，原来不明确的东西也通过跟父亲的共同回忆变得异常清晰了。

这段经历也让我萌发了想要把我童年故事写出来的想法，所以就有了《会跳舞的向日葵》这本书。通过这些故事我也在想一个孩子的成长到底需要一些什么东西？一个人为什么会变成这样的人而不变成那样的人？我总结有几个是比较重要的，一个是一个人的成长童年美好的情怀比较重要，还有就是信念比较重要，再有一个好的阅读习惯比较重要，以及被人包容和包容他人的能力。最后一个是温暖的记忆，如果一个人没有温暖的记忆，可能也会有一些欠缺。

我总在深夜写作，到凌晨辍笔，我喜欢在辍笔后走到窗前看外面的景色，有时看着星光会想起我的父母，以及在卧室里安稳入睡的女儿。这个时候我就会觉得全世界都很安然、恬静，自己很圆满，没有什么再需要惦记的了。父亲去世以后，我依然会站在窗边想起他。在记忆中，从小到大，我和父亲有很多次分离，但这是最后一次，以后再也不会有分离，他在我记忆中永远是活着的。我想说，一个好父亲的爱和人格会影响孩子一生。

## 22. 爱和感恩

我赞成一种说法，妈妈可以是孩子的朋友，可妈妈首先是妈妈。如果妈妈和孩子的关系错位，只是成了孩子的玩伴，或者只是大姐姐那样的，母亲像个孩子，关系太对称了，失去威严，角色变得混乱，没有妈妈的爱和责任。有的爸爸很幼稚，和孩子在一起也是陪孩子玩游戏，失去了权威性，这样的家庭情况，孩子等于成了孤儿，会有不安全的感觉，不利于孩子的成长。

我们要有柔韧牢固的亲子关系，首先对孩子有爱的教育，使孩子学会感受爱。孩子可以从多种方式领会爱的，有时不是从正面，而是从某个别人想不到的角度去理解的。我听说有个孩子家境不错，可是就喜欢在小学里偷窃，把同学的好东西拿回来，屡教不改。他的妈妈苦口婆心地劝过他，也骂过、恐吓过他，也打过他，可是这孩子就是改不掉。有一次，孩子又拿了同桌的东西，被抓住了，孩子的妈妈伤心绝望，对他说："你下次再拿别人的东西，我就把你打死，然后我和你一起死。"孩子愣住了，他第一次感受到母爱的巨大力量，他觉得世界上有一个人，居然愿意为了他去死，他感到无限温暖。他从来也不知道，妈妈为了他的过失会如此痛苦，本来他觉得那只是自己的事情，妈妈惩罚他的时候他还记恨呢，孩子是从自我的角度出发的，所以母子关系是对立的。现在为了妈妈，他也要做一个优秀的人，因为她把自己看得那么重要。我觉得母爱是有厚度的，那深层未必会让孩子理解，可是孩子找不到爱会迷惘的，所以需要爱的教育，妈妈要教会孩子用他们的方式感受爱，学会爱。

袅袅二年级的时候常常跟我说，"应博士"的妈妈最爱他。那"应博士"不是别人，是袅袅当时的同桌，他那时就出国玩了，还给袅袅带了些小礼物，所以袅袅很羡慕。我说："是的。"我认识那个妈妈，那确实是个爱孩子的和蔼可亲的人。其实我听出袅袅的话里有点偏颇的观点，好像带孩子出国才是最爱孩子的。可是那不用着急，可以慢慢来纠正的，更重要的是我对孩子感兴趣的事情也表示兴趣，对她的朋友或喜欢的人表示重视。

我一直和袅袅保持着畅通的沟通，从不中断，跟孩子能交谈到一起是很重要的，我和她说话的时候用肯定的口吻多，常常说：好的，很好，这……对了。反之，如果不同意，也是说得很明确，孩子能明白，听懂意思，知道妈妈的态度，不用费力去猜，造成误解。谈话交流时，不说伤孩子心的话。即使批评，也说明理由，表示那样做不够好，最好把应该怎么做怎么弥补说出来，这样孩子会更服气，另外也会越来越高明呢。

还有一次，袅袅做了一件不怎么精彩的事情，写了一篇作文，叫做《我有一个懒惰妈妈》，写的是她每天早上起床，准备上学，有时发现我在睡懒觉，没有像别的妈妈那样，起床给孩子煮早饭，梳头发。她还写：“我的妈妈样样好，就是太爱睡懒觉了。”我看到作文后哭笑不得，因为我常常是晚上九点开始写作，一直写到凌晨，所以袅袅起床的时候我可能刚刚躺下不久。

我没有向袅袅“兴师问罪”，我想有些事情还是要让她用自己的眼睛来发现。这件事情过去了一年多，有一天我半夜写作，正值春夏之交，夜里开始打很响的雷，袅袅被惊醒了，她看了墙上的时钟，以为是6点了（其实是半夜12点），她穿上衣服，戴上红领巾跑出来，看见我在灯下写作，就说：“妈妈，今天你怎么这么早就起来了。”我让她仔细看看时钟，她看了后就不做声了，从此就知道我经常在半夜写作，不是一个懒惰妈妈，而是世界上最勤奋的妈妈。

之后我才跟袅袅说，人和人有很多不了解的地方，即便我和你生活在一个屋檐下也是如此，所以，对他人要用善意的眼光很重要。不然的话，对同学、老师、周围的人容易捕捉不足的地方。在一知半解的情况下一些不好的评论和看法就出来了，它们像钉子扎在那里，哪天发现别人未必是糟糕的，把钉子拔下来，但是痕迹还在。善意不仅是对别人好，也是对自己好，因为善意使人活得很安宁，问心无愧。

袅袅好像一点就通，有时小孩就是天生的思想家，那些她印象深刻的道理会帮助她抵抗一些狭隘的观点。

其实，和孩子做朋友是一件复杂的事情，首先是要彼此信任和了解。记得每当袅袅来找我说话时，我会认真听着，即使再忙，也要这样。中间有几次，我正在解决紧急的事情，袅袅来找我说话，我只能抱歉地说：“妈妈过一会儿就来找你。”处理好事情之后，我第一时间找她，仔细听她娓娓道来。因为孩子不是什么都愿意诉说的，有时是鼓足勇气来跟自己所信任的人说一些烦恼，哪怕是出于礼貌，也要让孩子说完。特别是当孩子的想法跟大人的不一样时，或者某些方面不稳定，不理想时，不一定要孩子马上改变，听大人的，其实那样也做不到，反而会陷于僵局，要给孩子时间，转过弯子来才行。妈妈要有一些耐心，不要着急，因为孩子的成长是弹性的，在某一个阶段，孩子的成长之路可能会偏离目标，歪歪扭扭一点，不过只要有办法，而后还是能修正的。如果孩子的成长之路永远是正确的，没有得到一些宝贵的正面和反面的教训，反而会让孩子失去分辨能力。

臬臬六年级起，我们开始带她去韩国、法国、美国等地旅行。这时我才告诉她，也许你会认为现在妈妈很爱你了，其实妈妈对你的爱从你出生起就开始了，从来没有动摇过。是否带你出国，只能说明条件和时机有了，并不能证明别的什么。

当然，旅游也是增进亲子关系的很好方式。如果有条件，家长和孩子可以一起出去走走、看看外面的世界，因为这个过程中，双方都很松弛，而且可以整天都在一起。到陌生的地方共同感受一些东西，结识一些人，看一些美丽难忘的景观，留下的美好记忆多，共同的话题自然会更多。

对孩子的成长，应该持有宽容，有些弹性，有时候像松紧带，反而比绷得很紧要有效果，因为我们管理的不是别的，是孩子。有人情的、松弛的、长效的教育方式永远是受孩子欢迎的，因为符合人性，也符合成长的规律，更重要的，是符合孩子的天性和他们的向往。

要和孩子建立良好的深厚的亲子情感，也需要一个“诚”字，说心里话是相互的，有时爸爸妈妈觉得孩子小，理解能力不够，所以能蒙就蒙，还觉得孩子很好对付，其实孩子未必是等闲之辈，很多事情孩子默默地看在眼里，都懂。有个真实的故事很好玩的，折射出大人的失算。有一对夫妇，很爱晚上出门去看戏，每次要去剧场前，他们总对孩子说：“我们今晚要开会，你好好在家里。”孩子也习惯了，总是乖乖地答应着。有一天，这对夫妇多出了一张戏票，觉得这次还不如把孩子带去受熏陶，于是就告诉孩子说：“我们今晚不开会了，和你一起去看戏。”孩子高兴地答应了，这对夫妇觉得自己处理得很好，得意于孩子的浑然不知。无意中听见孩子在对自己的玩具说话，他说：“我们今晚要开会，你好好在家里。”他们这才知道不该那样，孩子什么都明白，如果父母老是蒙他，他会对这种形式习以为常。

一个家庭最慌什么？就是慌彼此不说心里话，沟通发生问题。要注意孩子需要一种踏踏实实的安全感，那其中有公平诚实的对待，有自己做主的自豪，有被家人尊重的快乐，这方面的环境空间和心理空间都很重要。

都说这一代小孩需要不停地表扬，但是表扬也要有含金量，爸爸妈妈那中肯的态度，客观的认识才能使孩子看重这些表扬。爸爸妈妈如果言不由衷，或者随口称赞，言过其实，表扬也成了廉价的了。

现在还有比较大的问题，就是浮躁，成年人用自己的标准来衡量孩子，爸爸妈妈希望自己的孩子最好是听话、聪敏、干干净净、很省事。追求完美没有错，但不能忽略孩子不可能一出生就是完美的，孩子有自己的天性，很多急功近利的想法，简化了成长的严肃和艰难，跟真实的教育现实有很大的落差，这种落差有时在爸爸妈妈心里成为压力，造成了更大的浮躁。

成长是不能着急的，百年树人，有时候孩子可能在长根，不一定马上看到枝繁叶茂。 要有大教育的宽厚理念，注重长线教育 。需要逐步培养孩子的习惯、性格、自信心和善于求知的心智。好的爸爸妈妈首先是耳朵好的人，善于倾听孩子心声的人。对孩子的成长，爸爸妈妈要有耐心，不要失去风度，不要慌，也不言放弃，用通达的方式更容易让孩子快乐成长。

爸爸妈妈和孩子是朋友，更是长辈，孩子在玩的过程中，在学习过程中，在成长过程中，需要独自体验很多东西，比如独自在家，独自出门，独自解决数学难题，独自和外人打交道，去商店购物，他的成长和独自有关。当孩子在寻求独立时，爸爸妈妈要尊重这一点，不要过多进入孩子的领地，孩子不是私有财产，孩子需要在体验中变得老练。可是孩子还不能完全独立，一旦孩子遇到自己不能面对的事情、特别尴尬的难题、一些迈不过去的坎，爸爸妈妈要认真听孩子讲完，不要曲解。爸爸妈妈急躁，孩子更容易发脾气，情绪不宁，事情就越加糟糕。

功利化的心态最不好，爸爸妈妈期望值又高又急，老觉得我的孩子一定要怎么样怎么样，希望和天才的孩子一样有一个成功的模式，这功利化造成孩子一种心理压力，实际上家长嘴上老是挂着，或者是老想着一步到位，如果一个孩子天生就很乖，一步到位了，反而需要担心，因为他经历得太少了，体验太少了。孩子有烦恼很正常，因为成长本身就是一个非常难的过程。

在这些关键时刻，爸爸妈妈要和孩子在一起，有些事情，对大人来说不是大事情，可是在孩子眼里，犹如泰山压顶。要帮助孩子跨越这些藩篱，因为孩子没有经验，也缺少处理的能力，有时会走极端。回忆在袅袅的成长期，也有各种起伏，我们帮助孩子克服尴尬，保持尊严，解决问题，这个过程做好了，她就发展了。有时我们还多教她几手，特别是一些孩子易于接受的办法，她以后做得很好，这一类的事情有信心自行解决。帮助孩子克服了尴尬，一些困扰人的难题，孩子会感恩，并且暗自在心里佩服爸爸妈妈，那是最自然最美好的亲子关系，基础是爱的流露。

家庭教育对孩子的发展起决定作用。专制、苛刻的标准评判，盯着孩子缺点和错误，都是不好的。另外，在任何时候，都应该把孩子视为家庭一员，我们从袅袅念小学起，就让孩子参与家庭事务的决策，就连一些选择怎样的形式欢度春节，亲戚结婚送多少礼金，家庭还需要添置些什么大件，出门旅行去哪里等等也让她一起来商量，参与多了，彼此对家庭认可的共同点多了，一家人的关系就亲密了，另外对家庭袅袅也有强烈的爱和责任感。一般说来，对袅袅的意见我们不会一味否定，有时候会采纳若干合理的。一个孩子的观点老得不到重视，孩子会认为自己无法做出正确的事情。

很多孩子要通过爱，才知道世界上自己不是孤身一人。亲子关系是孩子体验爱和感恩的基石。亲子关系不好，孩子攻击力强，没有安全感。很多有识之士提出要加强亲情教育，这一点的确不能懈怠，完美、健康的亲子关系能让孩子开朗和自信，有一种光泽，兴致勃勃，生活有盼头，成长有能量。

## *23. 不能只教孩子“切蛋糕”*

袅袅喜欢中国，是从阅读古典文学作品开始的。阅读给她带来了各种奇迹般的变化，让她喜欢昆虫、生物和地理及历史人文。可是，如果我一开始就给她读古典文学，一开始逼她读科普读物，她也许会害怕阅读。

我曾在国际青少年读物联盟大会上听到一句话，叫“阅读的孩子，他的力量是无法估量的”。对阅读习惯的培养，应该从小时候就开始。阅读能给人很多东西，比如安静，比如情感的积淀，等等。而且阅读文字的过程本身也是一种享受，这种乐趣是很奇妙的。

一个人最终是不是选择有效阅读，对于自身成长是很关键的，所以开始阅读很重要，可是阅读是一项漫长的工程，现在有些爸爸妈妈给孩子买书很功利，阅读文学书籍一般不会一下子显出效果，所以他们觉得还是看作文书效果明显，可以直接提高作文分数。也曾有家长来感谢我，说她的孩子看了我的书以后，作文成绩提高了好几分。她是好心给我戴了朵大红花，我却觉得很悲哀，因为文学给人的东西太多了。当然，文学书看得多了，如果用心的话，肯定会对作文有帮助，但文学能给予我们的东西肯定不止这些，急功近利的态度把阅读儿童文学的美丽和诗意破坏了，成了作文的辅导读物。

作文辅导书仅仅是工具书，它教给孩子的只相当于“切”蛋糕，而阅读文学就像“做”蛋糕，通过优秀的文学作品，可以了解世界、了解他人，知道什么是宽容、什么是狭隘，什么是高贵、什么是卑贱……这些对人的成长非常重要。一个人的底蕴就是在阅读好的文学作品中形成的，否则他的精神世界将是苍白的。阅读是给孩子经验，又促进孩子去思考，是不可替代的。同时文学作品绝对是一种精神财富，读通了它们，世界的真谛、生活的美感、人生的宽广、人性的繁复能觉悟。

现在的孩子能利用的时间原本就不多，对阅读的需求也并不自觉，阅读量减少会使孩子们在口语表述中的词汇量减少，语言的驾驭能力也会在不知不觉中退化，这会对孩子在表述内心、认识世界以及人际情感沟通与交流的丰富性上造成很大影响……阅读的缺失也容易造成孩子人文精神和情感的缺失。一代少年儿童疏离阅读，语言和情感的缺失，已经成为全球性的难题。

一定要通过一些有趣的形式才能吸引孩子们来阅读。孩子喜欢新鲜有趣的文学读物，但如果仅仅是好玩、幽默，而不提供思想的资源，孩子很快会遗忘，因为没有得到启迪。真正好的儿童文学作品应该是在幽默、犀利、妙趣的底下，还蕴藏了人性、万事万物的规律性以及生活的一些逻辑等大的命题，有了这些内容，幽默才有支撑，才能很完美地永恒存在着。

因为快餐的、通俗的、艺术低下的少儿读物在市场上时有风行。爸爸妈妈为孩子选书是很关键的。儿童的接受，仿佛一个容器，如果先装进些完整的、优质的东西，以后哪怕再有些杂芜的东西也不过是增加些多样性；而如果一开始进入的就是趣味低下的碎片和杂芜，那么不仅影响审美趣味，一些大的、完整的东西也就装不进去了。

阅读也有大学问，读什么？怎么读？为何读？读后有没有触动？这之间都是不同的。

儿童阅读的盲点很多，尤其是阅读启蒙。比起玩耍和看电视，阅读还是比较困难的，必须先让孩子产生兴趣，他才能看得进去。我出去作演讲，一个家长来向我诉苦，说她家的孩子简直没法治了，怎么也不爱看书。这孩子才8岁，我就问家长都给孩子推荐些什么书，她告诉我是高尔基的人生三部曲。我吓了一跳，高尔基的人生三部曲，别说是8岁的孩子，就是成年人也不一定能看得进去！所以我说，孩子刚开始阅读入门的时候，家长给他的读物，应该比他的阅读程度稍微浅一些，有点趣味性，得让他首先觉得阅读不是难事。养成阅读习惯之后，你再给他逐渐升级，他也会很轻松地接受。

最初的阅读，我给袅袅选的书还注意适度美好一点，雅一点，纯粹一点，没有很多碎片，我担心低幼的孩子读深了，还不容易分辨“书里的故事”和“现实的生活”，容易没有安全感。

到了小学阶段我向袅袅推荐的书里有我喜欢的小飞侠彼得·潘，最初的时候给她读，后来和她一起读，那里的故事和逻辑，环环相扣，袅袅读得很痴迷。

杰姆·巴里写《彼得·潘》最早是受现实生活的启发，他看见一群孩子在路边玩耍，他们游戏时扮作仙女和海盗，他看他们玩得妙趣横生，不由被迷住了。回去以后，他没有把这一群孩子的游戏写一篇“孩子很有童心”，或者“关爱下一代很重要”什么的，而是从泥泞的现实中飞翔起来，写了永恒的《彼得·潘》。后来，《彼得·潘》使他成为名人和富翁。书出版后，他还特意去找那些小孩，发给他们每人5便士，称他们为合作者。

请看看我记忆中的《彼得·潘》吧：所有的孩子都要长大的，而彼得·潘不会，他会飞，他跑到文蒂家来捣蛋。文蒂是个女孩，她的爸爸是达林先生，文蒂的妈妈是非常可爱优雅的，但是当年求婚时，达林先生第一个

赶到，所以就娶到了她。

彼得·潘想找文蒂玩，可是达林先生请的狗保姆娜娜非常凶，它要咬彼得·潘，彼得·潘逃走了，但是影子关在文蒂家，挂在容易取走的地方。

有一天，达林先生夫妇要去赴宴，娜娜喝了药睡着了，彼得·潘来找影子，碰到了文蒂，文蒂帮他缝影子，因为没有熨烫，所以显得很皱。

彼得·潘要文蒂到永无岛去当妈妈，丢失7天的孩子就成了那里的居民。文蒂愿意去，她把弟弟们都弄醒，接着几个人在房间里像鸟那么飞，渐渐地飞出去了，而小仙女丁卡嫉妒文蒂和彼得·潘的亲密，假借彼得·潘的命令要射死文蒂。而永无岛上有群海盗，头目叫胡克，凶残，彼得·潘砍下他的右臂喂鳄鱼，他就装了一个大铁钩。可是鳄鱼觉得胡克的肉特别香，就跟着他。所以胡克恨死了彼得·潘，他要弄死彼得·潘和文蒂。

终于有一天文蒂想家了，她带着弟弟们飞回来，发现自己家的窗还是开着，爸爸妈妈在急切地盼望他们。达林先生和夫人的爱感动了彼得·潘，他同意让文蒂他们都离开永无岛，从此他将孤独。文蒂变成大人后，彼得·潘还来看她，但是他很伤心，他还长着虎牙，一点没变。而文蒂再也飞不起来了，不过，文蒂的女儿珍妮还能飞。

臭臭念小学高年级以后，我还让她读过有深度的达尔的《女巫》，《女巫》也是巫师文化的产物，但是唯美。它的叙事方式、构思、文学性和人文力量都不错。《女巫》里也有一些非常冷的东西，有点像童年时代的噩梦，非常真切，有点阴郁，但有精致之处。比如《女巫》里有一小段，男孩被女巫用巫术变成了一只小老鼠，他没有别的亲人，只有一个奶奶，奶奶知道这只小老鼠就是孙子变的，所以护着小老鼠。我最喜欢的一段就是小老鼠和奶奶躺在床上的一段对话，小老鼠问奶奶，一只老鼠能活几年？奶奶其实早就查过了，说一般的老鼠能活七八年，而一只男孩变的老鼠就能活9年。男孩问奶奶还能活几年？奶奶说她估计也能活9年，小老鼠听了奶奶说的这句话就马上安定下来了，他觉得变成老鼠也没什么关系，因为唯一的亲人能与他共享人生，始终相伴。

我们读到这里会感觉到非常柔软的东西，有不比寻常的很多人生追求，感受到的终极的情感。达尔确实有文学大家的特殊气质，能够发现人心底最柔软的东西，并完美地表现出来，那是非常高贵的情感，还是可以一遍一遍咀嚼的情趣。达尔通过人物和故事把它挖掘出来，呈现在眼前的正是文学里极致的部分。每当我读到这里，心里会一颤。书里的文字仿佛看得见人一生追寻的温暖和爱意，这种阅读的战栗，以及被文学高贵的气质所折服，是最深的感动。

枭枭对虫类的兴趣也是青出于蓝胜于蓝。可能有一些遗传，因为我小时候爱昆虫，后来去大学读昆虫系的梦想没有实现，只当是童年时的爱好，自己也慢慢淡忘了，在枭枭出生以后我从来没有告诉她我小时候痴迷于昆虫。有一天我跟她讲蝴蝶的时候，她讲了一大串蝴蝶的学名，实际上她收藏了不少有关昆虫的书和资料，我都没有刻意的，但这个遗传也不知道是什么时候传过去的，通过阅读找到跟孩子有很多共同的地方，让我觉得作为一个母亲蛮温暖的。所以这个虫是次要的，但是母女之间的相似和心有灵犀的感觉，让我觉得特别温馨。

当然，每个孩子的接受和阅读能力都不同，所以一定要为每一个孩子度身打造一个阅读计划。阅读也有阶段的，也要长根、长枝、长叶子，每个孩子的心灵都是一颗质地饱满的种子，至于后来发芽、生根、茁壮成长，取决于孕育它的土壤，激活它的环境，有时甚至是一个偶然的机遇。每个孩子的成长都很生动，还很曲折，塑造一个人，老天，当然不容易，不会今天阅读，下周就有看得见的效果，所以还是要偏重让孩子拥有做自己的蛋糕的能力，而不是只会切蛋糕。

# 24. 女孩朋友和男孩朋友

孩子像花蕾盛开，而友情对孩子的幸福感的提升至关重要，我很期望臬臬能朋友成群，因为从中学会友善，学会交流是一生都要做的功课，而不是只在成长的时候才受益的。获得友情对于孩子来说，是给成长铺设优质土壤，也是为心灵的美好提供阳光和水分。

臬臬所在的小学离我家有一段路，靠近我们出版社，所以方圆几里内，她熟识的人不多。臬臬去小学报名时，全校没有一个小朋友是认识的，幼儿园的朋友圈子都散了，所以有点底气不足，很寂寥的。开学的头几天，我注意到她回家只会提起一个小朋友的名字，那就是她的同桌。

我很担心她没有广泛的朋友圈，总对她说："我很想能听到多一些小朋友的名字，你应该主动认识他们。"后来，臬臬在班里交了不少好朋友，每天回家，一会儿说这个同学，一会儿提到那个朋友，居然还跟邻班的同学交际上了。

臬臬在同龄朋友那儿学到很多东西，而且很有集体荣誉感。不过，同学间的很多事令她困惑。比如女孩间的友谊，比较容易碎，有的为了一些小事情就翻脸，吵架，在背后唧唧呱呱说人不好。男孩呢，做了错事情在女孩面前死不认错。

我告诉她这都是有原因的，男孩是怕尴尬，所以狡辩，他们的肩膀没有长好，不想承担这些。另外女孩也有各种毛病，有时要攀比、较劲，不服气，还要嫉妒，但只要还是有善意，不是恶意的，遇到了，谦让一下，过去就过去了，不要失去风度，特别要注意的是不要让小争执成为大伤害。

臬臬交了一些好朋友，有时候好朋友之间也会有矛盾，因为相互熟悉，也相知，所以彼此的要求也高了。我觉得，还是要从大的方面看友谊，从积极的方面去培育友情，不能苛刻，朋友之间，人有德于我，不可忘也，人有负于我，不可不忘也。

我对袅袅说，当好友偶然忘了你，千万不要生气，当好友不小心得罪你，就一笑了之吧，因为你喜欢她，也知道她也喜欢你。

有一次，学校发生一件事情，袅袅和几个同学帮助了另外一个同学，那同学的妈妈来学校表扬大家，只表扬了其中的两个同学，忘了说到袅袅和另外一个同学的名字，另外的同学大哭一场，然后就咒骂起来，袅袅劝她不要这样，她又和袅袅吵起来，相互不说话了。

小孩和别的小孩吵架，也是要做分析的，原则的事情是不能一味忍让的。这一次，我觉得袅袅没有错，还是很有气度的，只是方式和说话的技巧不好，结果把自己卷进纠纷里。其实她还可以做得更好，我让袅袅想办法，如何与那个同学和解。她想出了几个办法，我们还情景模拟了一下，我来扮演“另一个同学”。后来，一切都顺利解决了，那个同学还很佩服呢。我觉得这样很好，让孩子成为主体，但是遇到是非的问题，孩子还是需要有人撑，肯定她的判断和立场，不然，只是笼统地劝孩子不要和人争论，孩子容易自卑，有不安全感。

到了小学中高年级，女孩之间的关系更微妙了，比如选举“好学生”时，她大声地选举她的一个好朋友，那好朋友也认为袅袅很好，却没有选袅袅。我劝她别生气，因为既然已经把想选的同学选上去了，应该高兴。另外，假若袅袅也希望当“好学生”，那么，只要各方面做好，大家都会看到的，即使那好朋友不提，别的同学也会提。

孩子的友谊较少势利，其中“喜欢”是很大一部分，但仅有这些单纯还不够，也要有对付情绪的办法，说话的技巧，遇到考验时的忠诚，还需要容忍。怎么容忍别人呢，通过交朋友懂得做人要随和，不能以自我为中心。后来袅袅和好朋友还是相互喜欢着，但是更注意礼貌和尊重，这是一个美丽的铺垫，一生都有用，有了朋友就不会找不到可以谈心的人，有了朋友就可以相互鼓励和帮助，有了朋友更珍惜人生和人情。当然朋友可以有多种多样的，知心朋友有几个，普通的朋友相对可以多结交一些，但是只能和好人、善意的人、明白的人交朋友，彼此友善，注重彼此的感受，结伴前行。

袅袅在学校里还得学会与男孩们交流、交往，这也有些复杂呢。

如今的时代，把女孩当男孩养的家庭多，女孩做事仔细，开窍也早，向善向美的自觉愿望高过男孩，所以在小学里，往往女孩更强势。袅袅她们刚上学的时候，起初就觉得男孩笨笨的，很好玩，男孩好像更偏爱鬼怪，喜欢冒险和想入非非。渐渐地，女孩有了性别认可，同性的抱团意识强了，就会和男孩较劲，觉得男孩很挑衅，有时故意要和对方过不去，制造一些事端来对抗。

记得有一阵，袅袅的同桌换成一个调皮的男孩，刚开始还行，相安无事，后来同桌看见袅袅很喜欢一本布头书。那布头书很特别，里面是由各种布头做的零件拼成的憨厚可爱的小人、小花、小动物，所有的小零件都是彩色的，可以扯下来，也可以粘上去，袅袅常喜欢带着它去学校，和好朋友一起玩。有一天，袅袅发现少了好多零件，布头书里光秃秃的，她急得不行，却遍寻不到。后来，无意中发现它们都在同桌的书包里，原来是同桌偷藏了她布头书里的零件，袅袅不干了，说同桌偷窃，而那男孩就说袅袅诬陷他，女同学都和袅袅站在一起，而男孩子全帮那同桌。

这件事情还成为男孩和女孩分为两大阵营的导火线，男孩都觉得他们的人被冤枉了。有几天，袅袅的日子不好过，有一次她在课堂上朗读课文，读到课文里有一句："我真傻。"男孩子听到了马上悄悄地接口说："你是傻。"袅袅很恼火，于是和其他的女孩一起报复，也很女权了，再后来事情弄僵了，袅袅对男孩的态度变得两极分化，她对一部分男生还可以接受，一部分就很鄙夷呢。

被女孩数落的男生有的不注意卫生，有的傻乎乎没头脑，有的学习差不开窍，有的说话很转，有的做事情虎头蛇尾。可我有时要帮男孩说好话的，我说不能用放大镜去看男孩的不足，他们和女孩有差异，但也有优点，而且你的同桌这样做，肯定是有原因的，他不会无缘无故地这么做的，他一定也向往有个好女孩做同桌的。所以你要对他温和一些，相互帮助，双方建立平等友好的关系。后来袅袅原谅了同桌，其实那是个大咧咧的男孩，他们和好后，他还是很讲义气的，其他的男孩和女孩也就不掺和了。

后来我去学校采访，听一个男孩"控诉"他的三个女孩同桌，那男孩的第一个同桌很老实但很笨，什么都要问他，把他烦死了，他很嫌她，有时候就欺负她，结果那女孩不想和他坐了，不然就不来学校，要转学了。后来来了第二个同桌，老厉害呢，有时候还有暴力倾向，对他拳脚相加，这一次是他向老师提出避难要求。最后换了一个女孩做同桌，她来了后说：“我不和你进行武力比试，我要在学习成绩上打败你。”那之后，她果然处处和他较量，说很多“冷暴力”的话贬低他。他说：“我的日子很难过。”

女孩中的厉害精很多，有的脱鞋打男生，有的学着电视里的镜头，吵架的时候踢男孩裤裆，好像有打人天赋。有时女孩和男孩开玩笑，在玩笑里加很多恶作剧的成分，令人啼笑皆非，比如她们看见男孩趴在课桌上午睡，几个人用细软的头发挠他的脖子，让他以为是飞来了苍蝇。有个小男生有一天把棉毛裤穿反了，裤子又紧，差点坐不下来，女孩们就去推他，挠他的痒痒，但是有的女孩手法很重，痛得他哇哇叫喊。

我不愿意袅袅加入其中，所以鼓励她了解优秀的男孩。一个人和比你聪明的同学交往，或者你周围聪明的人多一点，总是一件好事情，自己的起点也能高起来，特别是男孩与女孩的思维和行事方式不一样，能了解对方就很好，如果通过了解再能有一点互补，就更好了。

学会和男孩打交道，永远是重要的，因为世界的另一半属于他们，更何况，对异性的善意，在将来会有更大的意义。

## 25. 小女生爱美丽

美丽，这是所有的女孩都会去追求的，这就是天性，好像没有教就会的，与生俱来。袅袅5岁的时候，看见婚纱就想要了，当时并不是因为爱情而浮想联翩，而只是觉得婚纱很纯洁，飘飘欲仙，做新娘很美。我答应她，说等你长大了，找到幸福了我就给你买最好看的婚纱。她很期待，每次走

过婚纱橱窗，她都会指着里面的婚纱说："这件最好看。"好像在试探我有没有忘记承诺。

很多女孩从小就会有爱情设计，听了《白雪公主》和《灰姑娘》等故事就对白马王子有很朦胧的期盼，这是美丽向善的想法，很好玩。记得袅袅最早认识的图形就是圆形，她最早知道的爱情也是圆满无瑕的，我觉得爱美丽，相信美丽的事情，对孩子的成长是有益的，我相信袅袅那些温暖和小小的甜蜜也会积攒的，成为一种明朗的对生活的热爱，也会形成肯定生命的能量，对未来的向往。

袅袅小学的时候爱美丽，还有点臭美呢，听到别人夸自己好看很高兴，也很留意，就不会忘记了。她喜欢留一刀齐的单纯发式，穿花样清爽的裙子，黑皮鞋，打扮得像小公主。进中学的时候情况复杂了，记得当时周围的女生是两极分化，有些女孩已经很在意外表的打扮，偷偷拔眉毛，穿性感的服装，常常去当逛街别动队。还有的女孩太不注意了。那个时期，孩子在长身体，学业也重，头发上冒油多，清洁没做好，头发都结起来了，看上去显得邋遢，精神风貌就不好。而有些女孩在学跆拳道，练习劈砖呢。当然，这些功夫可以防身，女孩穿得像男孩，爱"武装"也无可厚非，但是女孩有女孩的文雅静谧更不错，在装束上爱红装也很合我心意。进中学后袅袅好像变了，喜欢打扮得酷酷的，老是运动鞋，休闲装，我觉得太中性了，其实她对色彩的理解趣味很纯正的，也许是一心在学业上，都没有心思注重美丽了，可是我不忍心这样，适当地注重美丽和追求学业是不矛盾的，一边美丽着，一边专心学业也行，应该是能两全其美的。女孩不论在外表和内心都应该是美好的化身，而且，两者都美能给孩子更多的快乐自信和幸福感，慰藉过重的学业压力之下的心灵。我开始自己做起袅袅的“着装顾问”。

要让孩子美丽也不容易，首先外貌要整洁，要自己喜欢别人看上去舒服得体，选择的服装能衬托自己，若要求更高的话，还要把别人与自己分出来，形成自己的风格。我这个“着装顾问”，真是忙，有时候连闲逛的时间都捞不到，买衣服变得很实用主义，几乎每次都是带着目的直奔商店，有时候走了好多店，都没有满意的，只能好歹买几件，要不就觉得对不起那些时间和耗费的体力。后来我摸着门道了，知道怎么搭配适合袅袅，而且我还找到了几家自己喜欢、袅袅也喜欢的店，冲着熟悉的招牌，进去总能选到合心的衣服，又省时间又省力气。我给袅袅买了几件好看的很女孩的衣服，学校活动的时候她穿去了，结果赞赏率和回头率很高。经由这么几次，袅袅对漂亮的女孩装束有了一份熟稔和好感，后来，她平时上课穿休闲的衣服，有聚会和活动就换成好看的衣服，直到现在，我们如果一起上街买衣服，审美的眼光还是很一致的。

当然，更重要的是内心的美丽，真正的美是从心灵里焕发出来的，我觉得孩子的美丽就是本色。“本色”这两个字，写在纸上仿佛并不那么时尚、亮丽，亦绝无惊人之面目，显得木讷、平实。在我们的少女时代，这两个字就已经用得烂熟，不过，当年频频说到它时，总不能使之单独登场，而是得与其他的词汇连在一起，叫做：保持革命本色。无疑当时的少女们对“本色”暗带着怯意，同时理解是肤浅的，认为它仿佛只是教导人拒绝物质的诱惑，不改变原有的清贫生活。

而今再想，在做人方面提倡本色，其实寓意深邃而厚重。说到底，是让人们真诚生活，自由呼吸，还原一种本来的面目。

在我们周围有多少人能够真正以本来的面目，以人的本色来待人，来笑对世界呢？就连少年人堆中，虚伪、善于伪装，矫饰、虚荣的人也比比皆是。即便有些公认的成功人士，比如国际影星琼·芳登，一生都生活在怀疑和虚荣的阴影里，不幸的童年使她学会了表面的顺从和内心暗暗的仇恨，这导致她得不到安全感，和父母、姐姐、同事，周围一切人关系紧张，无法过松弛自在的本色生活。这一切，受到最大伤害的人，其实是她本人。

当然，我们是生活在复杂的人世间，保持本色，并非说非要像小时候一样做不谙世事的顽童。说到这一点，我便想起马克·吐温笔下的汤姆·索亚，这家伙，可谓是保持“顽童本色”了。他在侥幸逃离虎口之前，还生怕别人忽视他的本事，没人接着来追捕，有意留下一点线索，怂恿对手快快追来。这样的人或许是有的，但最好让其留在小说里，让大家为某种象征意义哑然失笑，不至于伤筋动骨地为他担惊。

另外，说到这个“本色”，容易令人联想起“单纯”、“透明”，“质本洁来还洁去”。

自然，这是我们所理想的美好境界，但该怎样来看待这个“洁”？记得有一年除夕，我和袅袅在理发店等待理发师的“收拾”，当时袅袅才五年级，她突然问我：“妈，你说做人要坦然、本色。那么，为什么心里有了喜欢的男生不该说出来呢？”她把本色理解为心无积存，透明无瑕，像一滴无菌的蒸馏水，否则就是脏掉了。多么天真的带着小小偏执的小姑娘！我告诉她，作为一个人，都会有独享的隐秘、欢乐、忧愁和苦痛，这是人的本质所决定的。何况大千世界，没有真空地带，所谓的洁，若是一般意义上的简单的干净，那是极易被染上污浊的，我们要的是透彻之上的单纯，是高雅明丽的闪光，是一种高洁。

从某种意义上来说，真正完美的人简直太难得了，但若我们能尽力择善而行，真诚待人，那么，我们就已经是挨近了本色生活。当然，说到底，本色生活的根基也是时时在提醒我们：良知尚存，坦荡生活，既是善待他人，更是善待自身。

我喜欢袅袅那时的单纯微笑，她完成了学业后，可以沉浸在自己的世界里，微笑着做一些自己喜欢的事情，沉浸在里面。那是一个安静、美好、带些梦幻的世界，其中最有诗意的是对美丽的无限信任，可以不在乎别人的价值观，也不过多讲究意义和含义，不强求征服自己，也没有要征服生活，那是只有没有长大的孩子才有的美丽世界。等到孩子成熟后，自然会用现实的眼光、策略的方式来对待生活，可是她能在应该拥有这些美的时候拥有那恬静之美，真让我心满意足。我不愿意在她还没有成熟的时候就过多地看到世界的危险和疑难，而忽略了世界的华贵与奇特的美，我指望所有的美好能在她小小的心灵里留下一抹顽强的阳光色，成为未来生活的底色和本色。这也是童年的意义之一，过早地生活在碎片和不平中，那只会给她的心灵带来阴影和噩梦，或许还有对世界的片面武断的认识，对人的怀疑，这样的侵蚀是有害无益的。

## 26. 隔壁寄来一封信

我给燊燊写过“妈妈的亲笔信”，记得她10岁生日的时候我给她写过一封信，装在信封里从隔壁的书房直接“快递”到她的小房间。在她14岁成少年的时候，去学农的时候，我都有信给她。当然，我在新年贺卡上，在出门前给她的留言上，出差寄回来的明信片等就更多了，无法计算。

为什么住在一个屋檐底下还要写信，那是因为写信比谈话要郑重，读信比交谈记忆更为深刻。我还是很喜欢写信的这种方式，有许多絮絮叨叨的话，坦率毫无心机的随意的心境，只有在写信中才能娓娓道出。有些看似饶舌的平平的畅写，却能体现出彼此心灵中摇曳的小花和小草，潺潺的流水，多好啊，那些细细的笔触，温馨体贴的芳香，相知的欣喜，正是最优雅的感受。现在我到学校里和孩子聊天，问他们学校的状况，心情如何，孩子们总会说“还可以”。而后来在他们给我的书信里，则流露出自己心灵深处的想法。

在生活里，面对同一个世界，每个人看世界的视角是不同的，有人看到的是花，有人看到的是刺。只有我们的视角客观公允了，价值观正确了，我们才能看到真正的世界，而不至于偏颇、肤浅。

都说妈妈是孩子的好导师，至少，妈妈看世界的眼光会给孩子留下不可磨灭的影响。我在信里和燊燊探讨，在生活里是多种花好还是多种刺好。怎样活着才有价值。我说一个人至少应该尽量做好三件事情：一、不断完善自己，努力用自己的长处造福社会；二、报答应该报答的人；三、帮助能够帮助的人。后来我又在《小鬼鲁智胜》里延伸了一些期待：鲁智胜的爸爸对鲁智胜期望值很高，为了洞悉儿子的动向，他喜欢私看儿子的日记，鲁智胜发现后非常生气，就在日记里做了手脚，打暗语，开始说反话，也就是把“臭烘烘”写成“香喷喷”，所以鲁智胜的爸爸每次看了儿子的日记就很得意，因为那里都是对他的溢美之词。有一次，鲁智胜的爸爸被医院误诊，以为得了不治之症，这时他才对儿子说出了一番话，意思是说，如果你将来能成为社会栋梁，有大的荣誉和社会承认我就心满意足了，但是如果你努力了，却做不到，那你就好好工作，成立一个家庭，尽量过得幸福一些，那样我也心满意足了。万一，上面的两点都做不到，那么，你一定要做一个好人，另外照顾好自己，那样我也就放心了。在特殊的情景下，鲁智胜的爸爸对儿子宽容了，说出的这三点才是真正的肺腑之言。

年少的时候，写信或收到信都是很隆重的事情，比那即兴的，随便的短信可不同，往往有“肺腑之言”的正式。我喜欢有人的字迹的信，相信它会传递更多的东西。

我手头留有的信件不少，它们被安顿在不同的藏着树叶的抽屉里，里面有早年收到的家信，有年轻时零星的情书，有世界各地的朋友们的问候信，还有近年来收到的八千余封小读者来信。那些经久留在身边的信中，都有着特殊的气息，每次拉开抽屉，都能感受到一段段微妙的情愫丝丝缕缕地飘散开来……

其中有一封信时日已久远，是1971年末我的一位中学女友的来信，那是我留的信件中的重头戏，那一封封洋洋洒洒的近万言，寄信人担心超重，是把一封信拆分了几封寄来的，她在每一页下都写着：请看下页，像如今的电视连续剧中的节目预告一样。

当时那如此浩瀚的信中却没有太多的要事，只是叙叙起居，说说想念，谈谈心得，这倒是避免了任何的功利和仓促，从从容容的秉性中有着朋友来信的绵长朴素。当时，我刚到黑龙江当知青，才17岁，正在一生中最迷惘最无助的时期，当年那落后的环境，人际的复杂使我灰心。朋友的这封连续的信，恰似生活中的惊喜，它暖着我，唤醒我，让我感觉自己在世上并不是孤身一人。那厚厚的信，有一阵，到哪里我都带着它，它不仅抚慰我，还使我每每感到骄傲和自豪。

后来才知，女友那时也处在最灰心的时候，百事不顺，我的回信也成为她心灵的甘露，我们彼此的交流如此默契。友情，在没有爱情的时候，它是生活中最割舍不断的情感，是艰难萧瑟年代的一轮阳光。

我和这位中学女友至今还在交往着，我们的友谊已延续了三十余年，每一次看到这封信，我都会喜极而泣：留有温暖的人间之情的信陪伴着我的成长，这么一路过来是多么地幸运。

在给臬臬的信里，我写得最多的，还是要承认和尊重人和人的差异，因为每个人是不同的，只有这样，我们就有了世界的眼光。还有快乐就是对自己满意，对眼前满意，快乐要有一颗快乐的心。不然快乐来了，却没有认出来，那多可惜呀。

写信的时候，尽量亲切一些，切合妈妈的角色，让读信的孩子能感觉自己处在爱的金色世界里。

不在信里训斥孩子，强求孩子什么，每一个孩子的梦想，大人是不能惊动的。有时候，每个孩子的心灵是小种子，何时发芽、生根、茁壮成长，土壤的营养，各种气候和环境，有时甚至是偶然的机遇。写信谆谆教诲也是其中的一个激活孩子心灵的机遇。

孩子们希望有温情脉脉的家庭，它如春水，如港湾。女孩最想要的还有知心朋友，亲情，那种满足感大于金钱和物质，唯有在亲情的温暖下，女孩更能肯定自身无价，灵魂无价。涉及男孩的梦想中，还有友爱、尊重与理解，和女孩一样，男孩也想早日确立自我价值。

孩子们爱身边的父母，爱蓝天，爱大地，也爱童年的趣味，童年的安逸，在每一个孩子的成长动力中，亲情和爱都占了很多，关爱孩子可以用各种形式，让孩子通过这质朴的爱，能体验很多，创造奇迹。感受到爱也许容易，但最重要的是能去做传递爱的人和奉献爱的人，爱是世界的希望。

# 27. 大考前的放飞

孩子们十有八九都喜欢处在宽松的环境里，不想有压力，轻松，他们喜欢能拥有七色花，在他们遇到坎坷的时候，给一个花瓣，事情就全搞定了。

也确实，我们面对的生活特别是学生生活的确不完美，我去了很多学校，我觉得现在的学生很苦，面临了一些学业的压力、亲子关系的僵化、甚至于一些校园的暴力等等人际的、社会的很多不尽如人意的东西，还有社会环境带来的一些阴暗的东西。学校的生活并不是像很多人想象的那么单纯，很多看不见的一些比如阴冷的东西在我们学生的心里，我觉得这是学生苦的地方，当然学校生活也有美的地方，一些集体生活、一些这个年龄的人与人之间的真挚情感，这都是很动人的。我觉得现在的教育不能单一，要给孩子的心灵增加一些亮色的东西，增加一些人文的东西，一些抵制暴力和色情的健康的东西，一些感动人的东西，一些趣味和美雅，孩子有了这样的东西，看待生活就会站高一步，会用一种积极的快乐的态度去面对未来。

往往袅袅在大考之前会紧张、敏感。我最心疼她的地方是变成眼睛不好的孩子（有点近视），迎考之前容易用眼过度，除此之外，我担心她在考试前变成脾气不好、心绪不宁的孩子。

说心里话，对这一点爸爸妈妈很容易矛盾的，看到孩子在乎考试，积极复习，心里是窃喜着的，看到孩子用稚嫩的心智在承担着考试压力，虽然那不是最有意义的压力，但是能独自应付这个，保持健康向上的心态，想必也觉得很不容易的。但是有太多的考试，太重复了，我很不愿意孩子被这个牵着走，成为“考试机器”式的孩子，因为那不能够给孩子足够长远的幸福感。

放飞首先从战术上考虑，不妨把考试当成一种阶段性的检查，把工夫放在平时，事实上也是如此，如果所学的内容都理解了，笔记做周全了，经常温习之，考试就不会太糟糕。

再有，从心理上放飞，我想袅袅能有放松的心态，想好最差的结果。假如这次考砸了，也不能把成败的结论下得很早，今天的成败得失是重要的，但明天更重要，孩子还在行走，有无限的可能性，过去的并不能判断未来。如果真的考得不理想，在心理上也要能够过关，如果失分是因为对有的题型没有经验，通过查对，以后就拿手了。如果是一时粗心，以后就格外仔细一些，只要不是不懂，或者概念不清楚，就告诉孩子，你只是留一些柿子在树上，让喜鹊过冬的时候吃。如果真的是涉及概念不清楚，那么，爸爸妈妈也要适当低调，不人为烘托，因为孩子正沮丧呢，可以认真分析考卷，让孩子把那些盲点弄明白，有针对性地强化一下。记得最早的时候，袅袅有一个物理考卷完成得不够完美，后来弄通后，以后每次考试，出过问题的那方面还成为强项呢。

还有更重要的放飞，孩子的考试压力有时还来自和同伴的竞争意识，适当的“较劲”可以激扬志向，可是如果过了，就会狭隘，使得同学之间的关系紧张，另外自己也遭受痛苦，弄不好还会被嫉妒所束缚。我愿袅袅对同学好，很真心的那种。对出类拔萃的同学要有敬佩之心，对学习不好的同学要有关爱之心，对正在遭受挫折的同学要有同情之心，有了这样公平的心，就有了风度，有了大爱的开始。

睡眠也是很重要的，考试前夕，我总是督促袅袅多睡半小时，注意锻炼，考试前那些容易勃然大怒的难弄的孩子，往往学习习惯和作息时间都不够好，期望值也高，事到临头，心烦意乱，过度紧张。大考完毕，孩子往往嗜睡如命，因为考试前太疲倦，到了极限了。

其实孩子考试前还有一种来自父母的压力，有的孩子告诉我，他们特别害怕爸爸妈妈在这段时间里过度关注着他们的一切，吃饭、说话、表情都看在眼里，而且眼睛是“雪亮”的。有的不停地催促孩子复习，唠唠叨叨。有的比较善于表达，不断要求孩子考出好成绩。有的动手能力强，煮了一大桌菜。可孩子吃着，心里更焦急，生怕考不出好成绩，欠爸妈更多的情。有那么多的患得患失，孩子的烦恼陡然升起。

我觉得要放飞孩子也要讲究艺术性，父母一定要非常聪明地放飞孩子，也不是不管孩子，不是放任而是放飞，尊重孩子的天性，让孩子有自由发展的空间，时时刻刻地关心孩子，而且是非常有效地关心孩子。

一些爸爸妈妈会有一种心态，觉得要培养的是社会精英、小淑女、小绅士，如果一个孩子的童年时代很顽皮淘气的话，会没有规矩的。但是孩子只知道学习和考试的话，他们会累坏的，也会不高兴，不快乐，甚至厌烦生活和学习。我觉得，让孩子拥有比较广泛的兴趣很重要，对孩子的成长有奇妙的效应，一个兴趣广泛的人，一个热爱生命和生活的人，这样的人是很有朝气的。即便有的时候让孩子淘气一下也是很可爱的，也是必须的释放，是符合孩子天性和审美的。

平时我们家的餐桌上是很热闹的，特别是晚餐，无比温馨放松，饭前大家一起布置和摆放餐具，饭后大家还要聊一会儿天，说一下当天遇到的生活里的花絮，有意思的社会新闻或者商量一些什么很私家的话题，即使袅袅大考在即，我们家的传统不变，往往时间还会延续一会儿，再接着偶然她会弹弹钢琴，有时候我们一起出去走走，观看月亮和星星。因为担心她的脑海里有很多考试的影子，所以想在开心的聊天里让她的精神游山玩水一番。

这时候可以和孩子说说双方都喜欢的话题，各种各样的。记得有几次，我们谈别人送我的那只小虫。袅袅没有成为钻研生物和昆虫的人，但是她很爱好蝴蝶、蜻蜓等等，而别人送我的两只金铃子她也喜欢，凑得很近地观赏，我戏称那是“坚强的小虫”。它们那么小，有着细微柔软的触须，微微摇曳，淡黄色的有细纹的纤细身躯，看来很渺小，观赏者用力一吸气，就有可能把它们吸进鼻孔去，但是那小小的虫，不萎靡，要做它们的梦，不管有多难呀，就是凭着本能也要好好过下去。

当时那两只金铃子刚来，住进了漂亮的虫盒，对于新环境它们识趣着，胆怯地踽踽而行，一会儿，又随意许多。那个认定自身的过程就像生命一样，看来是随机，却是有逻辑的规则。我和袅袅细看它们时，屏住气，生怕惊着它。

两只金铃子是我去逛北京小天桥一位朋友执意要送我的，也许是把我当小孩宠一回，想让我从小天桥带走些所获。那一阵那两只金铃子成了我生活的一部分，它们喜欢进食稠稠的粥。好几个晚上，我陪同它们一起品新煲出的粥，然后跟朋友们打电话禀报二小虫的生活意趣，袅袅在一边偷偷笑话我。

那两只小虫是柔弱的精灵，它们生活在我们的屋檐下，只是多少天来，我从没听到它们的歌声，它们总是默默的，但我一点都不着急：心里有歌，未必要唱出来。有时候，虫儿或许也像有些人，能把歌藏在心里一百年。

小虫们有细微的动作，安静从容的态度过日子，能活着就绝不去死。那似乎也是一种柔性的刚强和尊严，不知它们是否也有担忧与惧怕，以及危机。

还有一天，去出版社开选题会时，我悄悄把它们带着，不时地感受着它们细微的声息。回来告诉袅袅，袅袅说多好啊。那一晚我们又谈这两只金铃子，谁都不知两个大忙人能在心里辟出一块，装上两只不起眼的小虫。可是这并没有影响袅袅去追寻自己的梦想，完成自己的学业计划。

后来我把这两只小虫转送给当时健在的父亲喂养，他每年都能好好地把金铃子养过冬季，已算得上是大半个专家了。我和袅袅虽不再亲自喂养那两只小虫了，但却想念着它们，想着它们的细细的触须一张一翕时，有生动的美感，是那种天然又灵秀的气息和力量，看着看着，让人感觉到那上面系着某些闪亮的灵感。或许，是因为那小小的生灵的背后连着自然，能给予人永恒启示吧！

让孩子做他们喜欢的事永远不会错，在非常时期，说说这些，能让孩子感觉有意思，散散心，排解掉一些压抑。彼此松弛的时候，表达的东西才会更容易被孩子接受。

## 28. 写小香咕的快乐妈妈

袅袅很小的时候，想要自己有“万能的手”，有时我会带她去走亲戚，或者参观一些地方，看一看很多人“有特长的手”，或一些有意思的事情。比如去外婆家看外婆织毛活，看舅舅煮鱼，看修钟表的人把八音盒拆开来，看音乐家演奏，看园艺师布置插花等等。

我觉得孩子除了同龄人，孩子还需要体验与不同的人相处，比如亲戚、营业员、老师、邮递员等等。有的孩子被称为坏孩子，总是捣乱，往往是因为孩子觉得无聊，其实这时让他结交几个大孩子，发泄热情，一些情况会改变。

后来袅袅上小学了，正巧那些年我很忙，常常出差，出差的那些天只好将袅袅寄养在亲戚家中，也让她看看每一家都有不同的生活方式和习惯爱好。亲戚家那里已有三个女孩，袅袅去了就是四个女孩，她们厌倦那些旧式的游戏，因此每次便由想象力最为丰富的袅袅筹划各式新颖别致的游戏，当然也会遇到生气、忧愁的事情。

我离开袅袅在外面心里是很不安的，有遗憾，于是就把在外面的感受和见到的一切记下来，等到回来后告诉她，与她分享。每次我出差回家，把袅袅接回家，她也很重视和我的重逢，当天晚上就要挤在我边上，拉着我的衣服睡觉，大概是怕我马上又要出差了。每次重逢的时候，等我讲了在外面的见闻后，她便向我绘声绘色地描述一番我们分离的日子里她的经历。我很喜欢，也很珍惜她的这些感受。一边听，一边便拿出厚厚的硬面抄，把这些有趣的事儿或者伤心的事还有尴尬狼狈的事情都记下。就这样，一年又一年，硬面抄记满了好几本，《小香咕系列》的故事就在那一个个夜晚从我笔下一个接一个地流出来。我常 “不耻下问”，拿着稿件找袅袅谈论我的构思，后来故事中的一些人名，包括那可爱的女孩所拥有的“小香咕”这个温馨别致的名字，以及有趣的猫名“小秧秧”与狗名“路易驹”都是袅袅给起的，我们常常在周日出门散心的时候，或者晚饭后看着月亮升起来的时候一起编着小香咕的故事，双方时常会被那些充满趣味的小事感染，忍俊不禁地大笑起来；而编到略带伤感的故事时，又会被深深地打动而为其中的人物叹惋惆怅。这样的心灵交流使我与袅袅感受到彼此的智慧和内心里的温情，我们之间变得更有默契了。

“小香咕”中主要写了香咕、香露等4个可爱的小女生，但里面不时能看到“生活的真相”，甚至有些屈辱和难以言表的苦衷。比如利索能干的外婆对又贪婪又俗气的小张舅妈逆来顺受，因为马明舅舅是只有一条腿的残疾人；再如当年追求妈妈的崔先生如今成了阔佬，至今未娶并对香咕很好，香咕很爱爸爸，但也无法抵御崔先生。

儿童的世界远非大人想象的那样单纯完美，常有伤心和不如意之处。我把诸如此类的人世沧桑，悄悄地合乎逻辑地安排在故事中，让小读者在作品中能够听到“生活轻轻的叹息声”。

小香咕是专门写给8~13岁的小少女看的。虽然给这个年龄层次的儿童文学作品很多，但针对这一年龄段女性小读者的文学作品比较少，儿童文学不是万金油，我觉得8~13岁的女孩可爱，心理上希望袅袅“慢慢地长大”。现在，这一阶段女孩比男孩早熟，如今在学校里，女孩是强势，无论体力、学习能力还是社交能力，女孩都比男孩强，打起架来男孩也占不到上风，所以，她们的世界，她们的生活是非常有特点的。有人指出，“现在的趋势是女孩中性化，男孩女性化”。可我觉得学校、家长对于这一年龄段的女孩子的培养教育缺乏针对性，女孩就该有个女孩的样，孩子的可塑性非常强，大人应该认识到这些。

《小香咕新传》是写4个丰富灵性的小少女或蜜一样甜、或梅一样酸的生活，她们的烦恼和喜悦，幸福和期待就是书外万万千千孩子的生活状态。有评论家说“小香咕”是“生动地刻画了新一代小淑女的形象”。我理解“小淑女”这个概念内涵，没什么别的含义，我创作的时候想到的是女孩的形象、性格和心灵这些东西。我只是把一个人最初的清纯的东西和内心忧伤的东西通过故事表现出来。实际上这4个女孩子也是各有特色，不是同一个类型的。像香咕就比较温婉、可人、善良一点；香露比较开放时尚；香拉呢，相对封闭一些，太自我了。但这些女孩子都是可爱的。她们各有缺点和长处，但我把她们都包含在“小淑女”的范围里。现在的女孩子太强势了，还是应该温柔可爱一点，像个女孩子的样子。“小”只是一种称谓，因为我希望写出来的东西是适合小女孩的读本。

后来呢，慢慢地，书里的小香咕她们长大了。我很怀念，真舍不得她们长大。于是就把故事写下去，所以又有了《小香咕新传》。书里一部分情节是袅袅亲历的故事，同时也有近年我对校园和学生们的接触和思考在里面。

因为故事活灵活现地展现了女孩子的生活，小读者们非常喜欢，应该说，书里也写了很多亲子的感情，爸爸妈妈和孩子的默契，这也是我最看重的。一个孩子就是一个爱的精灵，如果父母与孩子之间没有爱，或者这种爱被另外一种东西掩盖住了，是很可惜的。大家彼此知道，我们相互关爱，我们相互理解，我们一直很有默契的，这是最好的一个境界，也是我最喜欢的。说真的，我在写作小香咕的过程中，袅袅的影子总在我眼前晃动，有这么一个女儿，每每想起来都感觉很温暖、很甜蜜，会不由自主地会心笑起来。

自从有了袅袅，我的儿童文学创作的动力更强了，孩子的一举一动会给妈妈很多灵感，有些创作的机缘就是来自孩子。比如我写的《调皮的日子》，起初是我家“洗头故事”，总是我即兴讲一段故事，一边给她洗头，等头洗完了正好告一段落就不讲了。到了第二次洗头时，我再即兴来编，所以她从害怕洗头到了最盼望洗头，因为那些故事的趣味和悬念对她有强烈的吸引力。有时候前面的故事情节可能我已经模糊了，但是袅袅都还记得清清楚楚，分毫不差，她会提示我接着故事讲下去。不仅如此，她会猜后面的故事会怎么发展，她的猜测对我有很大帮助，某种程度地参与到我的创作中来了，让我了解小孩的接受心理。那本书最后有5个结局，其中有3个就是袅袅想出来的。可以说，《调皮的日子》充满了童心这也是我们母女共同合作的结果。

我渴望袅袅和其他的孩子们在我的作品里找到飞翔的童心和诗意，体验生活的快乐，体验美和责任，体验认识人，尊重人，自然走向真正的独立，慢慢地拥有了为自己设计未来道路的勇气和能力。童年永远是美妙的，让我留恋，成为母亲后，我带着袅袅去母亲家度假，无意中打开旧式的三门五斗橱，居然从中翻到儿时的几件爱物，将它们捏在手心，真是恍如隔世。我开始寻找五斗橱里小时候私自刻下的量身高的记号，画的那些腿肚粗粗但脚杆精细的飞人，它们还在。我原以为永远地抛下了它们，彻底地忘却了，现在它们突然跑出来，还是历历在目，怎能不让人百感交集！

我在《小香咕系列》和《小香咕新传》中渲染了孩子的趣味生活，唤起他们被压抑的童年纯真。因为我每周都能收到出自孩子之手的来信，他们诉说自己的不如意。在他们眼中，生活中没有绚丽的色彩，当孩子稍大一点了，进入学龄期，许多诗意就变戏法似的消失了。那里有严厉的布置题海的老师，唠叨催命的“闹钟妈妈”，唯一的快乐是同学之间的有趣。但是许多本该与同龄人玩耍的时间都被作业和补课所占去。有些孩子甚至寡情冷漠，他们在压抑和无奈中愤愤然，黯然度过本该充满诗意的童年，他们的爱和热情在慢慢熄灭。

孩子们的诗意被谁抹掉了？当然是大人们。我们想给孩子扎实的基础教育这没错，同时，我们要教会他们爱和理智，告诉他们一些严峻的道理，生活中哪里有窟窿，掉进去会淹没的，告诉他人生的严峻、恐惧与忧伤。但这都得用一种仁爱讲理的方式，因为我们更得重视孩子精神层面上的需求，而不是为了培养一批学得样样精，却不会创造，不会去爱，不懂回报社会，缺少诗意的人。

让孩子们懂得爱、趣味和优雅，仅以分数这个浅表性的标准来衡量是不公道的，每一个孩子都是不可替代的奇迹。假如有一扇门对某个孩子关上了，就意味着有另一扇门将对他打开。最高明的教育应该是理智仁爱的，顺就人心的，在于焕发孩子内在的心智和良知，而不是无理无端的、气急败坏的、硬性强加的。

得到仁爱公平对待的孩子才可能有阳光一样的心怀，所以要给孩子完整的童年，奇妙的童年，童年时是很心软的，对小花小草小动物充满了由衷的喜爱，仿佛人的性情就是紧挨着大自然，栽种在园子里的。在我的童年里，崇拜的人里面就有一位米丘林老先生，羡慕他种出了梨苹果，因而就在住所后面的大园子里做过无数次的嫁接，有一阵想把石榴树和橘子树嫁接在一起，一会儿又是在桃树和苹果树上找了新芽来移植，费了很多心机，还数次割破了手，虽然遭到惨败，但并不灰心，心里还想着安慰自己：要体味桃子和苹果从一棵树上结出来的话，可以买回来桃子和苹果，咬一口桃子再咬一口苹果，滋味应该也差不多。

童年时代这蹩脚的园艺算不上什么，但是因此获得的小孩的乐趣却是无可挑剔的，而且内心留下的那种对园林和植物的亲切感使人充实。后来我在“上山下乡”的年代选择去林区也是因为这个情结吧，只是去了那里才发现竟是做伐木工的活计。最初看到大树小树纷纷被伐砍，心里有一种悲切的震撼。过了若干年，被调去林区学校当老师，很奇怪的，时日久了，也许有点被同化了，心存的那份愧疚好像渐渐变成了漠然。

数年前专程去了一趟北京，衣襟上别一朵小花在严文井先生的追悼会上默默致哀，会后随接力社的小车一道回市区，归途中小车经过诗人金波先生的家，金波先生请我们下车观赏他的园子。

金波先生的园子里先前种有一棵银杏，近来又补种了一棵，园里不少桃李花草，也都是成双成群的，园子很美丽，地势带一点涡状，还铺着一条雨天去为园子打理时不会踩倒小草的密道，还有去年过冬前埋入土地的花盆。好玩的是，这金波先生的园子不是金波先生私家的，而是小区绿化带的一隅，原本那地方很少有人去关注。冬去春来，金波先生开始在那里买了树苗栽下去，找来花籽种下去，弓着脊背精心除草，长年累月的，那地方郁郁葱葱，成了趣味盎然的园子。渐渐地，那一片仿佛由他领养了似的，别人都跑来观赏，很信任地放手由他来布局打理。而金波先生并不在意园子的归属，他在园子里怡然地体味着耕耘的妙趣。

这一切又唤起我童年时的那种赤足走在温热的泥地上的感觉，把我童年时候就有的对植物的好感又勾起来了，童年留着的爱是不竭和无尽的。回到上海后我赶紧去照看自己的园子，只见桂花在香，葡萄在长，园子里原先早已栽了一棵银杏，现在意识到应该马上再栽一棵，以便它俩能长相伴和长相随。橘子树很美丽，走近才忽而发现，橘子树上竟结了一百多只青青的橘子，很硬实，一只只都像小钢球，会不会是我对它的关爱不够而结的心结呢？桃子树也有几十只果子，但一只只小小的怪怪的，像捏着小拳头不肯松开。我想，一定要亲口尝一尝，最好等哪天感觉体弱的时候，犹如童年那时的感应会很灵敏的。我看见那小小的香樟树了，绿色的树冠蓬勃地向我张开着。这一切使我心存感激，并没有很好地照料，它们居然生生不息，心心念念地回报着我。

虫影在草丛里闪烁，小蝶小蛾却在起舞，邻家的枣树，偏过身子，努力地往我的园子这边够，风吹过，成熟的枣儿雨滴一般地往我的园子里掉。我想，明年那儿会长出小枣林，一整片。

园子内有一长条木椅，想着是将来要坐在这里摇一摇，慢慢变老的。午后，我坐在那里看着园子发呆，忽然有一只邻家的小花猫过来，看见我默然，它便陪着我怔怔地享受这宁静无言的温煦片刻。我打盹，它打瞌睡。后来，鸟儿把我们吵醒了。

我把这些野趣也写在《小香咕系列》里，让小孩和大人不管是和风细雨的白天还是狂风暴雨的夜晚，想起童年的温馨都会有感应。我庆幸自己能写小香咕，也庆幸还是和童年时一样喜欢倾听风声，尤其是树叶和草丛被风吹动的声音。一个人富足的童年带来的永久记忆，能照亮一生。

## 29. 老师难不难

臬臬一路成长，遇上的每一个老师几乎都不同，各有特点。小的时候臬臬很爱偏心，往往喜欢哪个老师，那老师教的课她会上得格外好，纪律也好，踊跃发言，把那老师说的话当圣旨，因为对老师忠心耿耿。如果对哪个老师赌着气，便会对上课没有精神呢。臬臬小学的时候发生了一件事情，让她耿耿于怀，老说：“我差点被老师赶出校门。”

那是一个“蛋糕事件”，下午的时候学校发点心，每个学生一块蛋糕。点心时间过后，老师发现垃圾桶里有一块蛋糕，老师认为是臬臬干的，很生气，说了袅袅，也许袅袅胃口小，对吃食有点挑剔，以前也干过大同小异的事情，可是恰巧这天，她觉得蛋糕很新鲜，全吃光了，所以就告诉老师不是她。可是老师更生气了，要袅袅承认自己是说谎。问题是，最后也没有人出来承认蛋糕是自己扔的，估计是哪个孩子不小心掉了，干脆不要了。所以这个“无头小案”搞得袅袅很烦恼，觉得自己被“冤枉”了，而且也隐约感觉老师还以为她不诚实。

小学时袅袅喜欢笑容温和做事稳当的老师，要是有爱心，心肠软一点，好玩一点就更好，如果哪个老师表扬过她，而表扬的也是她自己暗暗自豪的地方，她很记情的，视为知音，会做得更好，到了教师节还自制卡片，在卡片上画很多绚丽的花给老师送去。

袅袅在小学里最害怕的是作业无穷多，有时各门课的老师都觉得自己教的是最重要的科目，都留下不少的作业，结果撞车了。还有一个就是被老师骂，如果是孩子做错了什么，老师批评是没有问题的，孩子怕听老师的一些冷言冷语，比如“你不改，我把你送到傻瓜学校去”，“你们脑子进水了，这样的题还会错”等等，孩子听了心里很叛逆。其实老师好好说，孩子会肃然起敬的，因为老师在孩子的心目中有天然的高尚的位置，如果保持着，反而有利于引导孩子，反之，孩子烦了，倒把老师的位置降低到对立的位置上了。还有，孩子天生是有向善的要求，只要老师注意方式，孩子一旦感觉老师是关爱自己的，真心为了自己好，很容易就和老师一条心的。

前一阵在电视里看到一则新闻，说在一个幼儿园，午饭后几个小朋友在院子里发现一只蜗牛，他们在那里玩蜗牛，不想睡午觉，老师叫了好几遍，其他的孩子都回去睡午觉了，只有一个孩子觉得很不尽兴，还是悄悄地在那里玩。老师发火了，说：“你把蜗牛吃了。”当天，孩子从幼儿园回来，怎么也不愿意吃晚饭，爸爸妈妈追问后，孩子说：“我嘴巴里有蜗牛渣渣。”后来爸爸妈妈找到幼儿园，老师说：“我只是随口说的，哪知道孩子会真的吃呀。”这也许是老师对和学生之间的落差缺乏了解。理解孩子，特别是幼年期的孩子存在盲点，老师在孩子心目中的位置是特别的，所以沟通的语气、用词、方式都是特别重要的。

但是老师在孩子心目中的权威性是重要的，老师应该成为孩子最信服的人，这一点毁了的话就不美好了，对孩子的成长也有不利影响。有时候确实有些问题涉及学校教育，为了请老师和我们一起打开孩子的心结，我和袅袅的爸爸都找老师谈过话，应该说找过很多次，尽量不让袅袅知道的，每一次和老师谈话我们都是非常郑重的，去之前先在家里做好了功课，把谈话的要点和纲要准备好，和我们去参加学术研讨会一样认真，当然在心态上是平和的，也不固执，注重倾听，不强求说服对方，而且有足够的礼貌和真诚，绝不伤和气，所以每次谈话效果都不错，让孩子理解老师，也让老师理解孩子，我们的谈话就围绕着这些。我发现袅袅的小学老师内心都有着对孩子强烈的责任心，但是有时太急了，有时太追求考分，有时方式上武断了，让孩子有受伤的感觉。孩子这些点滴的不如意，随着时间的推移淡化，孩子心里还是期望得到老师的关爱和重视，这不会改变。袅袅的老师了解了孩子的真实想法和实际的一些情况，稍作调整，师生关系很快修复得很好。

等到长大一点，进中学了，袅袅对老师的要求有所变化了，她喜欢课上得好的老师，以及话不多，办事洒脱，有威信有魅力的老师，觉得那样的老师有真本事，这标准也许是照着当时的班主任设置的，也许是她综合起来的，她开始注重能否从老师那里学到东西。另外，在特定的年龄段，袅袅对集体荣誉无比珍惜，看来班级这个小集体不是永久的，早晚会解散的，但是对她来说，这个班级代表着中学时代，那是一种非常真挚感人的情感，甚至袅袅特别看重那些庇护自己班学生的老师，觉得这样才能证明这老师又负责又爱学生，很讲义气，对学生更宽容一些，遇到问题能和学生一起承受。个别对班级的荣誉和利益无所谓的老师，大家毕业后说起来，还是很不以为然。

袅袅的班主任和科任老师换了很多次，有一个老师是她在的时候觉得太烦，等她走了后，非常想念的，直到今天，袅袅在提到这位老师的名字时，还敬佩地说："她是一心为了学生，但从来不喜欢显露这一点，所以不被人所察觉。"其他班里也发生过学生举报老师，写匿名信要求炒老师鱿鱼的事情，有的写了那样的信，信的末尾还报了另外一个同学的名字，但是也只是把觉得教得不好的科任老师炒掉，对班主任不会"下那样的手"，觉得不满意，最多也是偷偷嘀咕几句，孩子们往往把班主任看成是自己人。

对有些事情，孩子们会默默看在眼里，如果老师无私地帮助一个孩子，别的孩子也会记情的，也会对老师的人品有积极评价，因为孩子们的心最干净，有他们的明快的是非观。也有这些情况，个别老师接受了某个家长的招待和馈赠什么的，老师可能觉得不为人知，可是孩子之间会传得飞快，老师的人品、自律能力在孩子心目中是很重大的事情。

现在我来回忆做学生的时候遇到的各种老师，很多都是可亲的，学生对老师的看法会慢慢升华的。记得我当学生的时候，曾经觉得有个老师是“自己不懂，就否定懂的人”，而现在来看，就改变了，因为知道了老师的不容易，老师的苦心，甚至很客观地看待老师的不同和各种不可避免的局限性，有的老师很有造诣，可是讲学一般，就像球员，球技好，但配合不好。有的老师很认真，但过于一板一眼，有的老师很风趣，有的老师很勤奋，有的老师还有很多不被人所察觉的光芒，回想起不同的老师，我有很多满足，因为老师们都给了我启示。只是，我很想告诉小学里的数学老师，她是第一个表扬我善于上课举手提问的“肯动脑筋”人，可我那次只是想举起手来活动一下身子，可是那之后，我做任何大的事都力图做得“肯动脑筋”。

我印象中还有一位老师，中学时代的，似乎是来代课的，那个老师嘴有点碎，直肠子，百事要管，见谁出了岔子就狠狠地批评。大家对她不满，私下说她坏话，还给她起了一些谩骂性的绰号。一时间，师生关系仿佛走入了一个误区，后来，那位代课老师调走了。她走后，我们才感到寂寞，因为没有一个人能使我们这么敬畏。她当班的那一阵，我们改掉了无数的不良习性。

小学的语文老师给我的东西更多，她让我养成了去书店和图书馆的习惯，最终成为一个终身与书为友的人。

“上山下乡”那一阵，我也轮到当小学教师了。进那所乡村学校后，我曾接手带一个乱班，那个班之所以被称为乱班，是集中着一批不喜欢上学，处处与班主任作对的孩子，他们拥有许多我无法破译的鬼点子。女生们对我袜子的颜色大发议论，吹毛求疵，积极打探我在食堂买什么菜食，她们对新老师的世俗生活充满兴趣，而对讲课内容却不甚上心；而男生们也不安生，想方设法破坏课堂的安静，他们每次捣蛋还特意留下痕迹，作为一种示威和挑战，大大咧咧，耀武扬威，占尽上风地气人。

那一阵，我不忍用刻薄的态度对待这些孩子，尽量采用宽容的方式去感动他们，因为他们不懂得他们的闹腾是自私无理的，同时也是愚蠢的。我在语文课上给他们讲各种各样的故事，故事使他们快乐，然后变得安静、理智起来了。很多孩子开始惊异，新老师好像知道全世界所有的好听故事呢。

终于，班里先是走出一个男孩，他悄悄地做我的支持者。那是个非常不起眼的人，瘦小的身躯，家境不好，最热的夏天里他总穿一件大号汗背心，背带歪着,差不多整个肩胛都露出来,像要从那汗背心里脱壳而出。

有一次，全班一同去看电影，每人一张票，有个女生丢失了票，而电影院那天满场，票都已售出，不办补票手续。女孩急得勾下头抹擦眼泪，她怕自已被集体撇下。我把我的票给了女孩，准备在电影院门口度过电影时间。那个男孩自动留下来，他默默地陪伴我。最后，这情景感动了检票员，她破例放我俩进场，我们进影院时踮着脚，尽量不发出声音，但还是惊动了那些孩子，他们为我们欢呼雀跃的样子令我永久难忘，他们原来是在盼着我们与他们在一起。

我总觉得，师生之间往往很难做到水乳交融，因为担纲的角色不一样，观念、性格、年龄、阅历亦有差异，只要彼此间的爱、尊重、信任以及宽容存在着，双方的关系会变得格外纯粹高洁。

我珍视教师工作还有一个原因，有一次在课间，乡村学校的校长要关照班主任们一点急事情，我们临时离开教室前往校长室，都习惯性地请班长来代老师管理一下班级。一会儿，我们开完会一起回教室，路过第一个教室，发现那小班长管理班级的口吻、模样，活脱脱是班主任的翻版。我就留心着看，一路过去，几乎都是，班长几乎都学样，按照自己老师的方式来管理。我吓了一跳，原来，老师就是无形的榜样，学生不知不觉地会处处受到老师的影响，老师的品格、作风、能力是何等重要。一个优秀而正直的老师对孩子的影响是具有无限价值的。

我把这些告诉袅袅，让她明白，当一个人慢慢长大，回顾往昔，会发现当学生的时候对老师的那些小小的苛刻，任性和别扭是多么可笑！昔日的老师们的音容笑貌永久难忘，似乎已化成了生活中最亲切、最似曾相识的一幕。因为一个优秀的师长给予孩子的不仅是知识、道德，还有宽仁和公平，以及如何热忱地生活，如何化解隔阂，如何无悔地为晚辈骄傲。

# 30.“做梦的课”

我经常和臬臬去电影院，她小时候我陪她一起去看各种美术电影，什么《渔童》、《孙悟空三打白骨精》、《猪八戒吃西瓜》、《雪孩子》……后来她长大了，我和她一起去电影院的机会就更多了，我们一起看过各种不同风格的电影，比如《美丽人生》、《朱诺》、《卧虎藏龙》、《小鞋子》等等，后来我们家搬到电影院附近，看晚场电影，步行着就回去了。

我还带臬臬去看戏，记得她十来岁的时候，我带她到儿童艺术剧院去看《雁奴莎莎》，当大雁的敌人来了的时候，这小家伙差点要冲到前台去打敌人。我还带她去看话剧《商鞅》。情景剧《我认识的鬼子兵》，她看得情绪激昂，正义感很强，好像没有什么宽容度。但是我喜欢她的黑白分明，有时候人首先要能把是非曲直理清楚，这是根基，其他的宽容、睿智，是需要时间和见识来打磨的。我赞赏她划分是非分界的能力，把她能为与自己不怎么相干的事情投入的热情看得很重。

我爱电影，缘起还在我父亲，父亲对我和弟弟的爱是有些特别的，母亲常说他从未给子女洗过尿布，从未参加过家长会……父亲总是默认这一切“从未”，从无二话。但有一次，他突然提起我出生的那天，他激动无比，跑到外面买了个鲜红的闹钟，后来再听到那些“从未”，我眼前就会顽强地冒出那只红闹钟，它像父亲的爱心一般炽烈。

父亲对我的教育比较开明，从来没有说过特别重的话。父亲就是这样，在教育孩子时，他很沉得住气，比较尊重孩子，有时候还带我去上“做梦的课”，那是指走进影院和剧场，可以自由幻想。

大概五六岁开始，父亲会每星期陪我看一次电影、话剧。起初我懵懵懂懂，不完全能看懂，但却很喜欢。我们有时是去大光明电影院，有时是去嵩山电影院或者淮海电影院。跟父亲进电影院是一件隆重的事情，我会细心地在辫梢上扎起蝴蝶结，穿上平时舍不得穿的小皮鞋，走路时还要小心地避开人群，生怕被鲁莽的人踩了一脚，我从小就珍惜和父亲在一起的时光，因为我很崇拜他。

在电影院里，父亲也不说什么多余的话，只是耐心地等前排的人来齐坐定，随后把前面遮挡少的位置换给我，电影开场后他就由我跟随剧情走，从来不打断我做梦。

父亲是一个从不多话的人，他不喜欢侃侃而谈，很安静，他的生活方式和人际关系单纯得不可想象，像小河的流水一样天然、简单。他在任何情况下也不会失态、失礼，对外人这样，对家人也是如此。至于他为何会喜欢电影，他没有说过，也许是为了在电影里让梦想翱翔，也许是为了带爱女去见识艺术。他和我一起看战争片时是最沉默的，也许是那些场面勾起了他沉在心底的故事，他作为一个见识过战争，身经百战，大起大伏的人，看枪战搏杀一定会有特殊的感触。有时他带我看儿童片和故事片，也照样是从头看到尾，有滋有味的，我猜不透为什么他的喜欢会和幼小时的我一样。

父亲领我进电影院，断断续续了很多年，从学龄前一直到我念完小学才停止。从此，我一直是电影狂热的追随者，这爱好将是伴随终身的。所以不仅是我，连袅袅也因为经常跟我去看电影，也成了一个超级忠实的、又非常有见地的影迷。

父亲从不伤我的心，他是最看重我的人，从来就是，于是我从小就产生一个朴素的愿望，做什么都不能让父亲失望。亲情和爱往往是女孩们成长的动力之一，也是她们不误入歧途的力量来源。

记得刚进小学时，我曾很抗拒学校教育，不适应那里，喜欢无拘无束的自在生活，所以常常从学校偷跑出来，在屋子后面的花园里鼓捣一些别的事，比如舀一勺蜂蜜洒在地上，聚集起几百上千只蚂蚁，然后全部圈养起来。父亲劝我回归学校，把那些蚂蚁都放了，说那样它们都高兴。他把这件事处理得轻描淡写。

我关注的第一本文学书，是父亲当时在阅读的《红岩》，当时书名上的字我还识不全，就念成了“红山石”，别人都笑了，而父亲微笑着说，大概的意思并没有错。后来我爱上了阅读，父亲问我书里的情景，我很乐于叙述事件，描绘人事，从来不会串起来，也从来没有表达不清的东西，父亲总是欣喜地倾听着，然后说："不错。"

每次在看电影回来的路上父亲还要和我一起讨论电影的内容。这些仪式一样的东西都让我感觉到自己是去享受艺术了，每周也格外盼着这一天。阅读书也是这样，其实，那时家里的藏书并不是很多，主要是政治类的书，但是父母会借回来一些书给我看。如果哪一天我生病不能去学校了，父亲肯定会买些书或杂志，然后告诉我："你今天生病在家不能出去，就让书来陪伴你。"基本上是这样。

我成长的过程一直是顺畅的，但是仍感受到父亲无所不在的担忧，那是天底下的父亲都有的通病，对自己的掌上明珠特别怜惜。我念中学时，他叮嘱我不要太腼腆，怕我因为内向而增加青春期的疼痛，鼓励我蜕变成心情稳定、遇事通透的人。

当我满18岁时，他叮嘱我不要在外面喝酒，说女孩就该这样，喝了酒后就不是原来那个理性的人了。每次我晚回家，父亲都会等在路灯昏暗的弄堂口。他放心不下我，但又必须尊重我的自由，他心里不安着，却不好意思明说，只说自己是跑出来抽烟、散步的，直到我满了25岁，他确认我成熟了，才慢慢地安心。

父亲早早看出我有文学方面的才华，他鼓励我写作，投稿，不要让时光溜掉，说找到了自己喜欢的事业，就好像有了顺达的轨道。他把我出版的书都留得好好的，听说报上可能有我的采访，就会跑到报亭去买，然后收集起来。有几次我的作品得奖是他先看到消息，马上告诉我。

在我结婚前夕，母亲在准备我的嫁妆，父亲帮不上忙，他对我说了关于婚姻的叮嘱，那叮嘱只有九个字：不要去责备你爱的人。

父爱是无法穷尽的，爱和责任让他洞察一切，他能看到生活隐隐的风霜。每当我感受到工作劳顿时，父亲都会说，不要太累，太辛苦了。父亲正是用这种方式来教育我的：充分给孩子以自由和梦想，有梦想才有创造的动力，我体会到这包含了父亲爱的信念。父亲爱我的方式直接影响到我对女儿的教育方式。

# 31. 小鸟啄食记

从孩子出生到长大，有一件事情我是最在意的，那就是孩子在吃什么，喝什么。身体是最重要的，好的饮食习惯是奠定身体质地的基石。当然这不是一天养成的，孩子都喜欢美味，无法抗拒美食的诱惑，也确实，一个孩子要是不能经常享有可口的美食，多憋屈，像是一种惩罚。所以我就在追求好口味和注重营养平衡上找方略。袅袅小的时候不知道各种食物的营养的比例，她不爱吃胡萝卜，说吃了就想吐，可是胡萝卜对孩子的生长很有益处，我只能在给她的饮食上多花心思，她喜欢虾肉馄饨，有时候给她包虾肉馄饨的时候，我就剁进一些胡萝卜末，为了减轻胡萝卜的味道，还加一点新鲜的韭黄，她以为是虾黄，欣然接受了。直到她长大了，我才告诉她那里面的配料，结果她说自己早就破译了，只是觉得这样的口味还不错，所以一直“将计就计”着。

还有一个方式，那是在饭后进行的，那就是我会征求袅袅的意见，问她第二天想吃什么，她报出喜欢的菜肴，如果不齐全，或者荤素搭配不合理，我会告诉她怎么调整。时间长了，她就对各种食品的营养成分很了解，即使素菜水果，也能知道热性和凉性，怎么搭配是不合理的，为什么。现在她可以算是半个营养师。

但是不可能完全根据营养食谱的，有的时候我们也会外出吃饭，找环境好、菜肴有特色的地方去品尝。但是，要相隔一阵才出去吃，因为家里的饭菜永远是卫生和可口的。

袅袅懂得这些，她对吃食的营养要求有比较理性的认识，可是学校食堂的菜有时不太尽如人意。有一次袅袅和同学出去到“阿猫一条鱼”吃了一顿，回来就大说还是食堂好，晚上在食堂吃最清淡的，说要让胃休整一下。

还有一次，她和同学去吃拉面，回来后说不想再去了，那家店叫“某某一拉”，结果很不卫生，袅袅说同学都偷偷地把那店改叫成“一吃就拉”。暑假里袅袅好像很想念“娘家”，那是学校附近的一个小餐馆。我答应陪她过去吃一次，结果她说：“只是想想，还没下决心去，估计那家店的菜味精多，有一次吃了那里的饭，饭后一口气喝了三瓶矿泉水。”

还有那要命的自助餐，无限量的，有些学生进去，要把“本”吃回来，结果做了“大胃青年”，看店家不高兴他们高兴，可是最终还是对不住自己的胃。好在袅袅还是很懂得节制的，在哪里吃饭从来不会勉强自己的胃。住校的日子，食堂晚饭比较早，夜里就会感到饥饿，可面对街道上有证或无证的小吃店，她也比较理性，说把有的店叫做黑暗料理还不确切，说有的应该叫养猫有理，因为一定有老鼠。所以晚上她的自我加餐往往是水果加一些小干点。

有时候为了解馋，或参加社交和聚会，袅袅偶然也会去光临学校附近的小店。但是她的饮食习惯非常坚定和正宗，几乎和医生开出来的营养餐一样。每次到了周末，我会做新鲜的鱼虾或者煲一些汤弥补学校食堂的不足。她很喜欢我做的菜，甚至请她的同学来家里品尝，结果事后我遇到了一件意想不到的事情，袅袅同学的妈妈来问我要我的私家发明的菜谱，袅袅知道后很自豪。

当然在厨艺方面，不是自夸，我所受的启蒙不算晚，因为我的外祖母非常会做菜，宁波特色的，拿手的菜有豆瓣酥、咸菜黄鱼汤、醉蟹、糟蛏子等等，菜虽然做得偏咸，但能从咸里勾出特殊的鲜美来。按滑稽戏的说法是“鲜得眉毛也要落下来了”。

童年时我只觉得好吃，还无法细分鲜美里的层次，只是外祖母不在的日子里，母亲常常按当时机关干部流行的生活法提倡吃食堂，星期天做些肉蒸蛋之类简便的菜。过年时几乎鸡、鸭、鱼这些大菜都是红烧的。我那时虽不至于茶饭不思，可往往对吃饭这件事少了许多期待。看来童年时的口味一经确定，往往是终身难改了。

在我的青年时代，有8年是在北方林区上山下乡。学过几手东北菜，熘肉段、拔丝土豆什么的，却整个还来不及真正爱上它，后来东北菜方面的厨艺基本废掉了。

当时连队的知青中有一半是来自温州一带，这地方来的人中间居然吃客极多，他们每次探亲时都像要把半个温州的好吃东西搬来似的，大包小袋地带得很厉害。节假日他们做敲鱼粉干，蟹肉炒饭，滋味是登峰造极的，我在那里终于结交到几个美食方面的知音，学到了他们的厨艺精粹，但方言却是只懂几句。

记得我和丈夫旅行结婚时，第一站就直奔温州，一则去探望那些知音，二则是存心去温州当吃客的。那些日子白天闻香探寻各家特色饭店，夜里还去街头夜宵直至凌晨归来。好友们为我们摆家宴接风，也奇了，其母其弟每人都能亮出一套不同的厨艺。

温州的美食口味与宁波口味有些近似，但更讲究原汁原味一些，反正我那时对温州的改良菜肴爱得不行，为此还练习刀功，分析配料，火候。

在女儿小的时候，我是经常下厨，饭菜也做得精心，买了漂亮的炊具。中餐的吃食，西餐的环境，希望她会“品”。童年时的口味也重要，要会品味中餐，才会对此有些悟性，我还想让她真正谙知厨艺，那需要神到、心到、口到、智能到的境界。

我现在的看家菜，基本是温州菜和宁波菜的结合，但更杂芜一点，因为我忍不住会添些什么，或去掉一些什么，就算是创造吧。去饭店遇上好的做法会记下来，但尽量往自己的体系上靠。

再后来因为忙，我下厨渐少，技艺生疏了好多。只有女儿还是迷信于我的厨艺，一旦在家里吃到合心的菜，必问：“这菜是妈妈做的吧？”

有这一点足以让我对厨艺充满永久的向往。

在家中时常能吃上色香味俱全的可心餐食是令人愉快的，一家人不仅是一条心，如果还是一个胃，那就更愉快了。

但是，当我做了袅袅的妈妈之后，我的厨

艺好像有所退步，因为出发点变了，把健康营养放在第一位了，而不仅仅是美味可口。2009年的这个暑假，我在自己的“岁月杂记”里记了一些事情，写了一些创作上的事，诸如出版了书什么的，另外还有一大段是很奇怪的，专门写了我每天做不同的五谷豆浆给臬臬喝的事情，还有一段，郑重地记着：“臬臬这几天学会做自己喜欢吃的牛奶鸡蛋饼了。另外她很有闲情，在校园BBS上开了一个专栏叫‘小鸟啄食记’，写出的美食评点很独特，还很靠谱，像是很内行的一方美食家呢。”

## 32. 最爱做的事：快乐每一天

臬臬和所有的孩子一样，从小就会追求快乐和愉悦，逃避一切不合心的事情。比如臬臬5岁那年，我带她去看病，医生说要打针，她不喜欢，就从医院胜利大逃亡了，跑到大街上去了，幸好她逃走的时候弄出点声音，留下点线索，不然我多着急。事后医生很坚持，只好还是打了针，但臬臬很憋屈，一直说长大后要发明比打针更好1000倍的方法，那个方法是很快乐的，就是吃比巧克力还美味的大仙丹，吃一颗治百病呢。

追求快乐是孩子的天性，孩子很容易快乐，而且是一边快乐一边向上着。

说实在的，臬臬在学前，学习的热情常常令我汗颜：对她来说，世上的事就属涂涂抹抹最轻松，她兴致勃勃地伏案疾书，用拼音和刚学会的不几个大字写着画着没个完，文稿一摞又一摞，订成一本巴掌大的“书”，而且她还自配插图，大笔挥挥，隔一阵就出版一本“大作”，她那样的劲头和才华让我不由“心怀嫉妒”。老天，小孩真行。

小臬臬有时也令人感动，谁欣赏她，或是对她的“大作”说上一两句好话，她便心花怒放。有时还慷慨地拿出珍贵的“真迹”相送。隔好久，还会念叨起称赞她的人的名字；倘若遇上对她“大作”不屑一顾，或是对她本人不敬的人，那也没关系，她有点马大哈，也不太懂得去怨恨，过一会儿就忘了，仍认为自己的作品妙不可言。

小袅袅的最大美德就是对人好，特别友善，热情似火。别人约她去做客，她总是心急火燎，每次都提前抵达；她若约了别人上门，也同样毫不松懈，早早打电话过去，小声恳求道：“不要迟到噢！”在她看来，朋友或亲人就该多多聚会，共度美好时光。

还有一次，小袅袅在商店里遇上一个蓝眼睛高鼻梁的外国人。袅袅那时候一句英文也不懂，而老外一句中文也不懂，但他们却一见如故。两个人借助手势互通心迹，袅袅为老外指了路，好像还攀谈了一阵，很愉快，临别时两个人依依不舍，“飞吻”了一个。这似乎有点过于亲昵了，不过，小孩就是奔放，不掩饰自己的好感。她的外交手腕让人发现，还有比语言沟通更深得人心的东西。

小袅袅的守信用我是深有体会的。有一次，我与她约定放学后在公交车车站碰头，偏巧那天我外出开会，是一个极其拖拖拉拉的会，还不便早退。待我走出会场发现离约定时间晚了一个多小时，天都黑了。我想袅袅一定是独自回家了，所以路过车站我也不想下车，不料，路过时我望了一眼车站，却发现她仍站在夜色中，因为脚站累了而不停地交换站姿。与她做伴的，只有一棵忠诚的树。

不过，小袅袅有时的快乐让别人很不自在，她冷不丁会提出一串问题，这些问题大到宇宙天体，小到鸡毛蒜皮。看你被问倒，她分外高兴，没准会把答案告诉你，原来她有时是存心找茬，考考你。有些问题尽管你回答精确，但也不必自鸣得意，因为她不会满足，仍会一个劲地追问下去，直至你词穷。假如哪一次你不肯服输，搪塞了她的提问，这下，你倒霉了，她会牢牢地记住你的愚蠢。

袅袅那时的快乐可以说是简单而充实，就握在手中，对待生活，她爱憎分明，并不比我们这些复杂的大人逊色，而且她知道怎样获得幸福。有一阵她好久没出“大作”了，她在忙更重要的事：她想给盲人设计一种有美妙响声的衣服。穿上它们，人们就能关注到世上的盲人，并成为他们的眼睛和亲人，她看见盲人笃笃地敲着棍子，心里就不好受。当然，那只是个美丽的梦想。小袅袅有太多的奇思怪想，她常常一个人坐在小房间里喃喃自语，享受梦想。

跟小孩在一起能分享到快乐，但有时也累，小孩有时一句童言会说得人笑起来，有时候也会说得人跳起来；小孩也有心情坏的时候、不讲理的时候，哭着说绝情话的时候，有几次我都觉得跟8岁的女儿做朋友简直是异想天开，有时甚至让她的哭声弄得大人心碎肠断，夜里躺在床上想对策，检讨自己。可第二天一早，袅袅会带着明朗的笑容来道早安，就像从未发生过任何不快，她的情真意切又让我相信我们一直是最好的朋友。 那一年袅袅才8岁。那一天，当我欣赏着她为盲人设计的衣服时，她把小头颅倚着我的肩，甜甜地睡着了，她是那么信赖我，信赖这个世界，她的真情是快乐的源泉。

我想，孩子的快乐有时就是送给大人的厚礼，让我们明白了什么是返璞归真，什么是快乐和美好，什么是一个人的初衷。

可是随着孩子长大，如何把握好孩子天性保存和教育的关系？善于追求快乐，并能永远保持快乐却并不是人人都能做到的。所以说，做一个快乐的人是要拥有一些基础的，比如有美德，有感恩的心，有成就感，对自己满意，有爱和被爱的人，有热情和憧憬等等。

在袅袅小的时候，节假日，我们会安排一些有趣味的活动，和她出门参与适合孩子的、使她快乐的活动，也鼓励她在同学和亲戚中找到玩伴。只要她不住校，我们会全家一起吃晚饭，相互把这一天的经历，特别是有意思的事情说一说，把家里要商议的事情让孩子参加商议，也听她的意见，或者一起计划着下一次出门的事情，憧憬一番，这时候全家都是快活的，那家庭的温馨气氛让孩子感受到很多温暖和关爱。

很多被“关”在家里的孩子就很不快乐，近年来从许多小读者的来信和寄来的文章里，我看到很多孩子对自己的处境感到无奈。他们说自己被父母关在家里，像小狗小猫一样被“圈养”了，虽然受到的宠爱不少，但是心里还是非常不满意的，甚至体现出愤怒和怨艾的情绪。没人喜欢被“圈养”，孩子是天地间的精灵，他们的每一个都是不可替代的奇迹，孩子们的天性就是要好好地享受每一天，成长每一天的。

如今做父母的也挺难，不想让孩子输在起跑线上。所以从孩子一出生起，对他们抱有极大的期望的爸爸妈妈就着重于早教、智力开发。为了让孩子提前识字，提早数数，忙得不亦乐乎，而且专职妈妈毕竟很少，为了图省事儿，也为了保护孩子不出偏差，让他们干干净净一心学习，所以总是把孩子留在家里学这学那。

玩是孩子的天性，也是孩子的权利，更是模拟学习人生的实践，在父母一心为孩子构建美好前程时，孩子正为了失去这些感到沮丧。

有个三年级的小朋友钱佳茗写道：“想想就忍不住伤心，气愤，因为自己最亲爱的妈妈就像灰姑娘里的‘后妈’，天天逼着我干活（做作业）。”很多亲近自然的孩子式的天然渴求都因为这些所谓的学习被取消了，孩子被要求按照成人的标准来约束自己。

“圈养”对孩子的内心造成一种压抑，不符合成长的自然规律。那种比较极端的教育方式是对孩子的成长增加了不利的因素。犹如公园里那些被修剪过头的植物，虽然漂亮葱绿造型整齐，可是远不如在森林里的大树那么滋润蓬勃，能够抵抗风雨。

压抑和孤独中的孩子是幼稚和调皮的，孩子的天性就是要千方百计地玩，如果不会玩，找不到合理的渠道玩，就开始想些“歪门邪道”的点子继续玩 。在压抑的能量需要挥霍时，孤独、自卑，甚至小小的残忍便是恶作剧的解释 。

真正的早期教育应是科学的，不是简单和短期的，更不应该是急功近利的，因为教育是育人，育人是百年大计，成长更不可能一蹴而就。理想的教育像一扇窗，打开它后能让孩子看到更多的自信，鲜花，快乐，理智，知识，使他们心里充满阳光和创造的激情。

大教育涵盖的契机渗透在每一项孩子喜欢的活动中，比如学会玩，不仅能给孩子阳光的心态，健康的体魄，有趣的情调，还能增加他们的创造力和智慧。大自然里有生动而漂亮的道理，这些教育就写在清新的天空里，写在广阔的视野里、白云和山水间 。

如果让孩子在花园深处结识好友，一起看青草滋长，看树木发出新叶，小朋友们一起劳动，一起游戏，一起成长。学会热爱，学会交友和观察，是何等重要的大教育 。

对孩子的教育要留有充分的空间，大教育是提高孩子创造力，行动力，爱的能力，快乐的能力的，这才是教育之本，也是孩子未来的发展之本 。

为了给孩子造就美丽人生，就要给孩子有更多的空间去体验，去游玩，去感悟。说到底，无论如何不能用圈养的方式，因为那是短视的做法啊。



## 33. 怀乡也温暖

有那么一个地方，即使孩子不梦牵魂绕，也是不该忘记的。它关系到“我是谁”、“我来自哪里”，那是一个人的根，即一个人的故乡。

说实在的，在我童年甚至青年时期，对故乡的印象也是模糊而久远的，都是根据父母的口述才记住一点点的，因为从小没在那儿长久居住，偶然客居过几天而已。所以，有时竭力去想，仍不敢确定对其的感情，似有似无，只是在填写表格时，总得有那么一档事，把一些人名和地名郑重填进去。说真的，有些人明知是亲戚，也知晓他们的秉性、命运和为人，但仿佛仍是隔了有一层，恬淡得像以故事形式出现的人与事，因为他们的情形大都是听父亲说的，其中有些还是道听途说，并没亲眼目睹、亲自参与过他们的人生。

当上母亲后，我开始认真地念及故乡，想口述给女儿听，把这一切继续下去，以免在我手中把这家人之故乡观念突然断掉。责任心让我意识到，应该把这些传承给孩子。

我去了故乡，回来的时候就多了来自故乡的记忆，有乡下小孩纯朴的笑脸；有水井边的吊桶，有扬鬃的烈马，也有慵懒的家猫，丰盈的绿草，巨大的粮仓；更有浮土遍布的坑坑洼洼的下坡路，乡办工厂的大烟囱。

有一年出差，听一个书城的经理滔滔不绝地谈自己的故乡，他说故乡原有七个匠人造了七座桥，每一座桥是一个风格，他牵挂着这七种风格的七座桥，每一年回故乡都是心急火燎地去看它们。有一年，乡干部把这七座桥拆了，建成了统一风格的水泥桥。这下他每回故乡一次就诅咒一次，再后来，他干脆懒得回去了，他说到故乡深恶痛绝的样子，仿佛成了一个没有故乡的人。

前不久，去北方办一件急事，车子在半夜匆匆途经我的故乡，我拼命朝那儿的方向看，看着远处几条黄土大路。有亮着灯的大卡车开来，两车相会时，有司机说了句熟稔的乡音。我不会说那方言，但是只消它轻轻一响，我就明白它是最热烈敏感的声音。

就在那一夜，我为错失了故乡而悄悄流泪，在那时，我才明白，故乡不是一个简单的地域，而是有着纵横交错的文化根，人心的根。

想想也是，许多东西总是在失却的那一刻才念及它，比如：骄人的岁月，真挚的感情，环拥挚友，还有故乡的归宿感，等等，等等。

在与故乡失之交臂的那一夜，我在空旷的山谷里看到了故乡素白的月，深深为之而感动。这一种怀乡的感情，不是劈劈啪啪爆起的火苗，而是温在心底的刚到火候的炭火。一个人环拥了对故乡的感情，仿佛就有了点根和归宿感，在飘浮的人生中不那么孤独了。

我向袅袅念及我感觉的故乡，一个人心里应该有故乡和传统，它的美妙，就在于深切眷念故乡时，故乡中也仿佛有了自己的一份，这情感永远是厚重的。

袅袅小时候我还带她去我小时候居住的弄堂，从记事起，我曾随父母居住在南昌路上的一条弄堂里。我们把里弄称为弄堂，都习以为常，所以也就懒得究其一声为什么。在整个童年期，我挚爱那儿的生活，一旦发现有人搬离弄堂，便如同目睹了某种不幸，心生悲痛，还暗自胆怯，恍惚中，会发现那消失在弄堂口的背影变成了自己。与这条弄堂脱去干系，从熟稔的生活圈里退出，被人们所淡忘是一桩严重的事。那时，我并不相信，在这条弄堂以外，还会有什么有声有色的生活。

这条弄堂仿佛一年四季都呈现出单调的青灰色，只是冬季里，青灰色中的暗影显得更浓重些。但不管它有多灰，晴日里抬头仰视，头上仍顶着一片灿烂的天空，大朵大朵的白云也丝毫不比别处逊色。弄堂的边边角角处，照例长着一些江南小树。风一吹就摇动腰肢的枇杷树；还有枝条尖尖的石榴

树；那儿的玉兰树也是瘦削着的，它们聚集着，未必有整整齐齐铺就的绿化概念。花花草草都有些自由生长、自在呼吸的意思。这一来，倒也生出如许五色的自然界该有的野趣和闲适散淡来。

至于各种响动，这条弄堂是终日有着的。我总认为置身于大都市若无法听闻到与之牵动的杂芜喧闹，那是不可想象的，我不知一旦周围无声无息了，该去哪里找大都市的灵性？在那条弄堂里则有着完美的闹市生活的声息，隐约能听见马路上懒懒的无轨电车在气喘吁吁；而有轨电车则往往是乐观而勤勉的，叮叮当当叫着，丝毫不知疲倦的亢奋，仿佛刚开始一场热烈的恋爱。弄堂内那复合的响声里自然包含着修旧棕绷手艺人的吆喝；自酿糯米甜酒来卖的人吆喝声；那弹棉花的能发出像蜜蜂飞过的嗡嗡响声。至于卖棒冰雪糕的小贩，更是雄赳赳，乒乒乓乓一阵理直气壮的敲打。

弄堂里，生活撞出来的最大火花是人与人之间的趣。弄堂的人情人际是紧密而独寓风情的：那里住有巴结生活循规蹈矩的老好人，也有另类神秘的夜归人；有人正爱着，也有人正失恋；有人活来有人死去；悲悲喜喜，富贵贫贱，居住在同一条弄堂里，彼此把对方收在视线中，彼此影响渗透着，这种牵丝攀藤的关系注定了邻里之间的关切和暗暗的攀比。也注定了安安生生居住弄堂的人们较外人更明白节制，小心翼翼守着自己既有的，又可避免超过了自己的那一份。

有一年出访俄罗斯，曾听到一个外国专家著书嘲笑上海有若干女性将睡衣穿出家门。当然，那种情景绝非一道赏心的美景，但依我看，也未必有不了解弄堂生活的人认为的那么恶俗和暧昧。比他们所想的要纯洁一点，也温良干净些。那也许是长久的弄堂习俗所致。在上海的一些弄堂，至今还有许多人家水龙头也是公用的，住房的局促，周围人际的烂熟关系，使人们容易把私人生活场地扩出来，将弄堂视为自家门口的一方天地。

小时候也和弄堂里的女伴们玩，她们中，小家碧玉型的居多，聪明伶俐，既心灵自由又懂得节俭；晓得体察人情世故也领略生活的难处，这样的女孩，举手投足间有一种贴着人心的世俗与热乎，这是她们比大家闺秀更讨人喜欢的地方。我常与女伴们玩一种藏猫猫的游戏，因害怕被他人抓获刹那间的惊悚与绝望，我总是藏得格外隐秘。藏得太好，她们无法识破，干脆就晾着我，没人找。最后，总是我担不起这份寂寞和无趣，自动走出来。

这一条弄堂，最终还是拆迁了，造起高楼大厦。这仿佛是一种宿命，无法避开。无论多少人说，弄堂的存在是一种风情，弄堂的建筑是一种艺术，教人们彼此间紧密的弄堂生活是一种民俗文化的体现，即便这些一并都算上，也无法抵挡这一点：弄堂生活其实是乡村生活与大都市生活之间的一种过渡。

我所知道的这一条弄堂是没有了，没法再带袅袅去看了，但是所幸的是，袅袅对自己生长的城市、国家、故土的历史和人文环境有了浓厚的兴趣，她参观了不少老建筑、文物，饱览了祖国的河山，买了很多相关的历史书来读，她迫切地想知道这一切的来历和沧桑，辉煌与尊严。

# 34. 在尴尬和伤心中成长

袅袅在长大的过程中遇到过无数“成长的烦恼”，很多烦恼好像是过不去的坎，有的却是“不治自愈”的。

有一次袅袅参加学校的大型音乐会，那音乐会对她特别重要，她在音乐会上有一个钢琴独奏的表演，我很愿意参与她的精心准备。那天她带着喜欢的曲目，穿着我为她新买的黑皮鞋，胸有成竹地上台表演，可是一下舞台她就哭了，然后给我打电话，说：“大家都在笑话我，嘲笑我，凭什么呢。”

我问她详细的经过，她说一上舞台，听见掌声，就礼貌地给听众鞠了一个躬，结果大家都大笑起来，她很不知所措，变得很紧张，台下练得好好的曲子却弹错一个音，她为之感到非常沮丧。我劝她放开眼量，那不过是一场表演，虽然看来不完美，但是总体上那曲子是优美的，弹奏是优雅的，没什么可笑的，自己坚信这些不要动摇，至于别人做了什么，过去了就过去吧，不要加剧这样的伤心，不然，不但无济于事，还会折磨自己。

过了几天，好多同学见了袅袅纷纷称赞她曲子弹得好，流畅优美，有一个邻班的女生，见袅袅一次就说一次“真好听呀”，袅袅听见大家都说好，起初还以为同学在安慰她，后来才知道是真诚的。过了好久，袅袅才在一个偶然的场合听到同学提起那次音乐会的笑声是如何来的，原来那天袅袅穿得很正式，还戴了领结，上台后舞台的灯光很暗，但灯光集聚在领结上，领结显得很鲜艳，她鞠躬时，那领结在呼扇，所以大家都乐了。

成长时期，处于混沌与清醒之间的孩子，特别渴望体面，渴望完美，渴望证实自己和确立自我，所以注定会有无数密集的小烦恼，有时候孩子还会宣泄情绪，变得极端，这时候爸爸妈妈不能嘲笑，但是有时候不能着急，我当时是用了“松紧法”，当袅袅挨不过去的时候，我会郑重地关怀孩子的心灵，解决事端，为孩子减压，减负，解渴，因为孩子还不具备完全为自己的行为负责的能力。但对于一般的事件，我觉得自己不必亲力亲为，有时候还装糊涂，冷处理，让孩子自己解决，学会承担，学会克制和冷静，这是在对孩子做心灵上的放飞。

我是不同意许多人习惯用“灿烂”或是“无忧无虑”这些字眼来描绘学校生活，作为一个真诚、敏感的人，我身处学校当学生时，经常撞见发怒或不快的事，心头积满困惑，而且找不到人可以一吐为快。

每个人几乎都有成长时的可笑表现，当时我很腼腆，念中学时我的作文很出色，有很强的思辨能力，可是老师叫我朗读自己的作文，我甚至不敢上教室的讲台上去，还是我的父亲叫我在人多的地方不要慌，不要觉得不自在，没地方放手脚似的。他要求我可以参加一些集体亮相的活动，上台多了，再上去演讲就有安全感了。为了增加上舞台的自信，我参加了班里的口琴合奏表演，其实是滥竽充数的，我的口琴吹得很烂，只是混在里面上台去。经过那样几次的“假吹”，我喜欢上了上舞台，因为和表演团队在一起表演很放松，那之后我上哪里演讲都不发憷了，现在我经常面对数千人进行演讲。

成长的美丽，就在于慢慢前行，时间是成长最好的良药，有了慢，就有足够多的时间可以去觉悟，去体验，去通过生活中的一个个测试。

说到成长，我的另一个导师是我的外祖母。多年前的一天，外祖母领着我去探望一位远亲。她带着大包小袋的吃食，累得气喘吁吁，浑身都热烘烘的。远亲住的地方离我家并不远，但走的路线仿佛是七弯八拐的“之”字形。顺着有大房子的路走着走着，味儿逐渐变了，每况愈下，显得那地方的破败：被虫咬得千疮百孔的门洞；翻裂豁开的路面；飞奔而过的皮毛肮脏的老鼠；不时冲出尿臊味的阴沟；还有停在路边眼光幽幽的病猫。外祖母敲开了一扇门，从里面走出的，竟是一位头发枯槁的老婆婆。她穿得衣衫破旧，腹部夸张地高高隆起，一看便猜出那是个鼓胀病的晚期患者，走路时两条胳膊向前伸着，冲着我，就这么踉踉跄跄地一路走来，我当时被惊着了，猫着腰，往后退，躲得远远的。

外祖母很生气，说我：“你连这点儿也经受不起，还会有什么用！”她还不住地责怪妈妈，说她没把小孩管好，养得那么脆弱和胆小。

老人家的神情很伤我的自尊，她的痛心疾首令我感觉事态的严重。我很想重新面对这一切，这心情一如前次测试失败后，开始迫切地盼望用下一次测试来创新一切。

我开始是独自一人，悄悄地沿着“之”字形的路线去寻那个贫民窟。先前几次，都是站在那门洞前望而却步。渐渐地，我终于进入了那个世界，我敢于吃老婆婆亲手递给我的爆得焦黄松脆的年糕片，并且与她一块儿在门前晒晒太阳，小声地聊一些话。不久，我还和老婆婆的邻居交上了朋友，那是一个大眼睛、穿花袄的女孩，爱笑，有时温和，有时泼辣……一旦真的去面对时，我发现伤痛、疾病和贫穷并不似我们头脑里想象的那般可怕，它只不过是另一种生活的存在，仿佛一个艰涩的符号，一段强烈的记忆，一根敏感的神经，一个厚重的现实。我庆幸，能经受这样一个新测试。

尔后，又历经了许多事，每次在胆怯发憷时，都会有一个声音为我打气：就当这是一场测试吧，小试一番自己有多大的厚度，有多少对生活的诚意，就能铸就有那么坚强的神经。

许多沉甸甸的测试我都一一通过，有一次，刚要满18周岁，却差点儿让一桩不大不小的事绊倒了。

那是个冬天，我和一个女伴从东北赶回上海。三九严寒，我竟在哈尔滨转车时扭伤了脚。一时间，脚面肿得有半尺高，像一个豆制品那么发着酵。走路，我只能单腿落地，扶着女伴的肩蹦跳。在那个年代，临近春节的火车非常拥挤，买不上卧铺票，座位都不保，车厢里加塞不少人，简直是见缝插针一般。

我以为这一次在劫难逃，我得在那沙丁鱼罐头般的车厢里呆上两天两夜，拖着伤肿不堪的腿脚，如何能平安挨过。

假装是一场测试。在那两天中，每当需要穿越车厢时，我的女伴站在我前面，那柔弱纤瘦的女孩，特意抱起一只硬箱子，挡在胸前，一马当先地开道，她咬着牙，攻城一样。而我，则练就了杂技演员的本领，双手吊在行李架上，坐在椅背上，保护着受伤的脚不受践踏，居然，我还在那种情形下安然入睡，还做了美梦。

成长会面临一些考验，和生活一样有时候也会有一个个险坡，孩子若是有一个稳重松弛的心态，就当那是一场测试就会自信很多。也确实如此，常常测试，常常跨越，渐渐地，人生饱满了，心灵宽宏了。

在成长的烦恼中，很多来自假象的人和事情。我成长那会儿就经历过假象的“坏老师”，我念小学的时候一度最不擅长当众歌唱，每次的音乐考试都成了我的蒙难日。一些歌在家练得滚瓜烂熟，可一走上讲台就唱得结巴起来，有时走音走得追都追不回来。往往我刚唱到一半，音乐老师就挥挥手，说：“好，别唱了，下一个。”她给我的分数是及格，可我从她的脸色来看，总觉得她本想给个不及格，只是怕补考时再聆听我的演唱，所以便给了我一个pass。

最让我心怀愤懑的是中学时代的物理老师，她说话乡音浓重，特别是说“杠杆原理”四个字时，总是字正腔圆，拖着长长的调门。所以，她一说这四个字全班都要笑倒。有一次，我身后的女生还插话说：“标准的绍兴戏。”此老师是个高度近视，竟把这笔账记在我头上，并扬言在家长会上见分晓。

尔后的一次家长会，母亲迟迟不归，我忐忑不安地出门迎她，却见物理老师和母亲说着话，一路走来。我躲开去，回家后察言观色，但母亲却只字不提此事。我为此伤心了许久，感觉连最亲爱的人都听任外人对我的贬低。渐渐地，在所有的科目中，物理我学得最差劲，就因为那个老师，我对其怀有抗拒。

还有我那新来的语文老师，她显然有那么一点不公，她时常给我的作文一个“优”，但从不点评我的作文，而是将一些获“良”或“优”的同学的作文朗声念出来并大加赞赏。

至于同学间的摩擦就更不胜枚举。比如我将心里话告诉别人，后来竟全班都知道了；又比如同桌好友与我争论一个不规则英语的拼法时不欢而散；还有相好的同学中有人的爱好是向老师打小报告；还有某日穿了一套可心的服装，可周围的人都说这种衣服像是20年前的老古董……

不知相隔多少年，我整理旧物时，竟理出一本音乐课的乐理作业本，只见上面赫然写着音乐老师的评语：你很认真，但太腼腆……这个评语我以前也将视线从那儿掠过，但却没有像如今这么在心里顿一顿：每次考试时，莫不是老师不忍强我所难……

至于那些昔日的校友、同学，如今真是难得一聚。一旦相遇，互相间无比亲切，往往站在路边就会大谈起来，简直旁若无人。谁还会在意以往的小打小闹呢？所记忆的只有那种一块长大的知根知底的亲密无间。

至于对母亲的那点怨言更是消逝得飞快，因为那次家长会后大约有一年，我终于问起她，那天家长会后物理老师如何向她告状的。母亲睁大迷惑的眼睛说：“没有啊，她只是对我谈了许多学物理的重要性。”到我年长后，我才真正理解什么叫家长，因为我去参加女儿的家长会时总是惴惴不安，害怕老师告状。因为那个人是我的孩子，我将她看得如此重要，每一句可能伤害她的言辞首先都会深深地伤害我。

还有语文老师，我至今不知道她为何不讲评我的作文，但我相信她自有理由。只有当一个人经历了许多事后，才会懂得宽容，懂得将视线望得更远，那儿往往有生活和人生的光芒。

时光能使许多困惑、伤痛不治而愈，那往往不是世界变宽了，而是人心变宽了。心一宽，海阔天空。只是我的物理有一年左右的松怠，底子总是相当差。有时在生活中遇到有关物理方面的常识，耳边挥之不去的是物理老师执拗的声音：“杠杆原理”、“杠杆原理”，如今再想想它，再无可笑的成分，而变成一种难言的眷恋……

成长现在看来是多亲切，它能慷慨地给予我们自我批判和思辨的能力，以及自信地追求美好人生的力量。

## 35. 母女作家

臬臬写小说，最初的愉悦是好像发明了一个游戏，可以一个人玩，她悄悄地给班里每个人设计一个角色，然后动手写了。

而我的写作开始于1982年，从一开始起就怀有一种强烈的追寻童年的情结：从热爱自己的童年直至珍惜他人的童年，关注人类所有人的童年，我相信这是一个有趣的开端，足可以引出任何涵盖大意义的命题。儿童文学描绘的是人类最初的模样，它是美的，个性的，才情的，虚怀若谷的，诗性和妙趣的，可以说，优秀的儿童文学作品首先必须是心底开出的花。

文学对孩子来说，是一个太好太好的东西。因为文学会提供很多东西，比如说美，对生活的动力，艺术的眼光，诗意的东西。

现在一些孩子关于童年的阅读回忆里，都会提到我的名字。但是我小时候的阅读是怎样的呢？我自己真正喜欢上阅读，也是出于一个偶然。我小时候生过一场百日咳，在家里养病，父母觉得这小孩子一个人很孤独的，就给我拿了一大堆的书。在那种很安静的环境里，我一下子就被吸引住了，发现了读书的乐趣所在。而我的母亲也是个文学爱好者，她每晚在灯下读书的身影，沉醉在书中的那种安详、高雅的神情，使幼小的我觉得很神秘，很向往，这也是一种很自然的影响。留在我记忆深处，还有小学的语文老师。老师脸庞黝黑，为人厚道公平，不偏不倚，但在语文教学上有独特的一套。她从小学四年级起就在班会课里辟出一半时间，开办阅读课，组织读文学书籍，《欧阳海之歌》里小海的童年生活，《红岩》里英雄人物与敌人的斗智斗勇。有意思的是，老师总是在我们听得入神、有所期待时停下来，像今天小说连载的编辑似的。小孩子读书往往先被趣味吸引，急切想知道“后来怎么样”。我们心里就痒痒的，到处去找这本书。

每次听老师朗读我都特别专

注，大概老师能从学生的眼神里看出感动和共鸣来，就把一张卢湾区少年图书馆的借书卡给我用。借书卡一次只能借一本书，我一般是走出图书馆就开始看，有的比较薄的书还没走到家就读完了，于是转身又回去借，就这样，我读了《小布头奇遇记》、《宝葫芦的秘密》、《苦儿流浪记》、《洋葱头历险记》。讲可爱的小女孩做好人好事的儿童故事《芬芬为什么愿意剃光头》，袁静的《小黑马的故事》，任大霖、任大星的作品，上海作家胡万春写旧上海的小说《过年》和《骨肉》，也是印象中特别喜欢的。

在那个书荒年代，我看的书很杂，文学，天文，《山乡巨变》、《三国演义》等连环画，《儿童时代》等杂志，能找到什么就读什么。记得那时我们邻居的一个小男孩，是小学的足球队员，他们的小小足球队被《儿童时代》写进了报告文学。这个偶然的事情使我感到又惊讶又亲切，于是开始订阅《儿童时代》，从此与它结缘。后来我当了《儿童时代》杂志社的总编，每当我想起这件往事，想起自己从读书到写书、从订阅杂志到编杂志，总觉得是偶然，又是必然。

上了中学，我的一个同学的父母是开明书店的资深编辑，她家有很多外面找不到的"禁书"，全是解放前的老版本，竖排、繁体字，插图精美。我向她借了好多书来读，安徒生作品插图本，高尔基的作品，《红楼梦》，马克·吐温的作品，都是那时读的。读《红楼梦》时我还摘抄了很多诗词，马克·吐温的《汤姆·索亚历险记》、《哈克贝利·费恩历险记》对我后来的创作影响很大。

在我看来,阅读犹如一个车站，有的人可能只是路过，根本就不会进去，而进去的人则面临着选择，读哪本书？搭乘哪辆车？有的书只能带你去近处，有些书却能带你去很远的地方……在不停地追着书看的过程当中，我又萌生了另外一个想法：要是我自己能当一个作家，写一些好看的书，那有多好。

从那时起写作是我喜欢做的事，当时除了写作文，就是写日记，把自己快乐的事记在本子上，比如妈妈带我一个人去看戏，却没带弟弟去。散场后她又领我去同事家玩，我在那里玩得开心，还受到夸奖。也记一些伤心的事，比如穿了一条新裤子，没想到一出门就绊了一大跤。膝盖那儿破了两块，像睁开了两只大眼睛。又比如病假了几天后去学校，发现最喜欢的老师突然调走了，都没来得及告别。

我自12岁，也就是第一个本命年起，就开始了投稿生涯。当时的我，写啊写啊，写的是热切、真实的感受，内心存有着倾诉的喜悦；因而，一支笔越写越长进，不仅成为班里的作文高手，还成为一个拥有自己“想法”的人。写作的一个令人狂喜的收获，是它能促使人静下心来思索，当然，还有更大的收获。那些零零落落记载在日记里的美好时光，慢慢积聚在文字中，从此深深地镌刻在记忆之中。

好多年后，我的文章开始陆续发表，说真的，我刚拿到稿费那会儿，真是急急忙忙地跑出去购物。第一笔稿费，买下一盏新台灯，它有漂亮的纱罩，垂着短短的流苏；第二笔稿费用来买下一支笔杆熠熠发亮、笔尖流利无比的金笔；第三笔稿酬买了一本《辞海》和一摞又一摞文稿纸。尔后的稿酬就是一批接一批地买书，直至房间书满为患，走路都得向左向右错着身子。再后来，就是买下一间装书的书房。书房有了之后，便接着要继续买书，买大捆的红得耀眼的花来给写作阅读添加一份好心情。

台灯现在仍然在夜间写作时为我照明，驱赶漫上来的孤寂夜气；金笔，回吐出若干圆润的文字；至于越来越多的书籍，它们是智慧的所在。那些稿酬又周而复始地汇集于写作之中，那样的去处挺根正苗红的，容易使人产生美妙的幻想；它给予我的灿烂，一生都不会泯灭。

一晃都多少年了，又一本命年来到。我仍在天天写“日记”，但这个日记已不是一般意义上的了，是给小朋友写作。我大多都是在夜里写作，白天完成编务、看书、散步、复信等人生杂事，到了夜间，那是我的黄金时间，我开始创作，状态好，一气写到凌晨，状态不好，早早收场。那是多年业余写作养成的习惯，有时即便放假，白天我也不写，悄悄等待天黑……

怎么能想到袅袅的书有幸在北京、上海、台湾出版，真有点恍然若梦。在我的记忆深处，最顽固的印象，满是这个女孩小时候的情景：我和她去花园散步看月亮星星，我握着她的小手时总是小心翼翼，仿佛握着一个娇嫩光滑的珍宝。

最初的时候，袅袅并不知写作是怎么样的活计。她用笔画我，总是把我画成饲养员的模样：胖乎乎的，乐呵呵地喂小动物吃食。她看见最多的便是我从编辑部下班回家，心急火燎地煲汤做饭。她七八岁时，曾非常“痛恨”

我伏案写作，我对此的“沉迷”使她感觉有什么东西与她在争夺母亲的爱。她甚至还大发雷霆，说：“都给你写光了，我就没的写了呀。”

我不敢确定，是否是我对写作不知疲倦的痴迷打动了她。但是，家里满堆满放的书籍肯定是使她得益的源泉。她喜欢的那些书，都让她读烂了，人物，故事，历史背景，记得分毫不差，看样子，这些书在她心里停留百八十年绝对没问题。麻烦的是，她常常要从某本书里拎出些片段与人讨论，若是对方记忆稍有模糊，她就会及时更正，弄得人挺下不了台。不过，就凭着这种“权威性”，她荣获了一个绰号：“大师”。当然，这是同龄女生“赏赐”的，男生么，不至于这么慷慨。

从念中学起，每每写作遇到难题，袅袅“近水楼台先得月”，会求上门来找我，但是她从不以讨教者的身份，而是跑了来与我“切磋切磋”。这讨教与切磋的界限我能区分得很清楚，比如她感受到某些写不透的地方，像人物内心独白，某些复合的故事结构等，但当我把她试图表达的东西点透后，她从不照搬我的设计，而是另辟蹊径，竭力去想更好的表达，随后再得意地念出声来，给我欣赏并由她自我欣赏。

起初她在中学的作文开始出彩，那还是王小鹰告诉我的，当时她的女儿王之然也在上外附中，老师给她们传看了袅袅的文章，都说袅袅的文章写得不比她妈妈差。如此，我便警觉起来，讨来她的作文看一看，总不能外人都晓得了，而我还心中无数吧。果然，小姑娘很会写，我把她的作文逐篇点评了，话说得很深，因为她懂。

后来才知道，袅袅从那时起就有了“野心”，试图自己拿起笔来涂涂抹抹，写出几本长篇小说。不知道从哪天起，她悄悄地写起了长篇小说，夜以继日的，甚至在高考前夕也没有歇笔。终于，她出版了自己的《话说我们班男生》和长篇小说《被磕疼的心》，如今她的《被磕疼的心》刚刚由作家出版社再版，还飘着油墨的香味。这位作者还算厚道，出了书后马上表示要“报告”（请客）我一次。

坦率说，我翻看了袅袅的《被磕疼的心》后是又惊喜又伤感，喜的是书里有如许五色的幽默叙述，有少女内心深处的芳香，有活泼的人物群像，调侃而不轻佻，机智而不失真情。而令我心疼的是，散发在小说中的孩子们的伤心、忧愁、压抑以及那种心儿受伤后的疼痛感受……

枭枭的小说我喜欢，让我找回了散落在外的许多珍贵的记忆和温情，我欣喜的还有她在语言上的能力有了飞跃，体现了一种潜力，那是作家的看家本领。

记得枭枭在小说《被磕疼的心》里有一段，第一稿和最后的第三稿仿佛不是出自一个人之手，比如初稿写：康素沁她们进了餐厅，餐厅格调素雅，但服务员要她们以后再带朋友来，问康素沁的姓名，康素沁报了一个假名，那是她们认识的最帅的男生的名字“王芸之”。

文章修改后就变成：“ 餐厅的格调挺素雅的，各种小摆设和灯具也算别致，那端菜的服务员长得很清秀，但咬字不清，会把‘可乐’念作‘烤猡’，把‘七喜’念作‘厕喜’，所以一开口，他在女生们心中树立的光辉形象上就会被涂上一层柏油。”

“他非要问名字。离开时，服务员殷情地为她们开门：‘王芸之，下次再多带点朋友来吧！’

“这些人大概眼睛打了对折吧，康素沁想，但也许他是‘将计就计’吧……”

叙述语言经过她的修改和锤炼，仿佛活了起来。那是很神奇的。

枭枭的写作，还是很安详动人的，凭着性情，自由发挥。她动手写着，也动脑想着，往往写完后还沾沾自喜，自己一面读，一面笑出声来。有时，她写得感觉好了，还会把初稿交给我读。我读时，她在一边屏声敛气，观察有加，若我读着读着笑起来，她陪着一起笑，还要问明好玩在哪里才罢休呢。

她又在写一部长一点的小说，据说，还不是现实题材，是历史小说喔，我已向她下了“口头订单”，表示大作若能出版，本人订阅一本。

不过，枭枭还有别的梦想，比如做一个经济学教授，或是时装设计师，也许就当个医生吧，也可能当个职业画家。反正，多一些梦想并没什么不好，梦想使人能够揣着温热的内心，去追寻不平庸的人生。

我希望一天天成长起来的枭枭，千万不要为了显示叛逆和强大就放弃真诚，不要为了成熟而改变天性，永远保留孩子式的忧伤、甜蜜、淳朴、本色。正是它们，让一个人拥有了美好的感恩生活的能力，使这个人脱颖而出。



前一阵，我和枭枭共同的好朋友，香港女作家关夕芝发来邮件，她独自一人背着行李，历时四个半月进行环球旅行，行程约七万五千里。似乎就是从那天起，袅袅完成了她的第二部长篇小说的写作大纲，她的创作路途也是漫漫的，艰苦的，独行的，可也是充满希望和欢愉的。我祝福她，我更爱处在写作中的袅袅，在那些写作的日子里，她的心里像开满了快乐而浪漫的小花，一边奋笔疾书，一边轻轻地哼着歌儿，品着心里藏着的音乐，留意着窗外漫漫游走的白云……

## 36. 体验至尊的独立

有一年暑假前收到旅居国外的朋友来电，说在假期中她的小孩将被校方请去补习。我一听就不高兴，这种消息太糟了，容易使人失望得脊梁骨发凉，我就不喜欢小孩在假期里补习。他们有更重要的任务，要利用假期完成很多实践活动，不然整天在校园里，还是不能领悟社会与人生，他们可以尝试独自去完成一些事情，慢慢了解社会和人，以便走向独立。

朋友说了许多，好在后来我终于听明白，原来当地校方督促她孩子补习的只有艺术类的课程，其他的课业是不允许在假期里补习的。我想这也好，因为在这务实、匆忙的世界里，艺术给人带来的美、优雅以及力量是如此弥足珍贵。它能唤醒孩子的天赋，使他们凝视世界时看到阳光和鲜花，甚至人性的光辉，生活之本来的颜色。

尝试独立的所有价值，除了给孩子一个丰富快乐的童年以外，还要留下一个厚重的伏笔，那就是为他们丰饶美好的未来打基础。

人都是要长大要独立的。记得14岁那年我初次离家，参加学校组织的为期一个月的学农，也就是住在远郊的农民家里，与他们同吃同住。那时我怯怯的，有点像躲在松林里探头探脑的小松鼠，对未知的世界充满好奇、害怕。然而期满归来时，心里就有了点底气，我还特意去照相馆拍照为证，在照片上，我的神态有点老到，仿佛一个有阅历的人。我将它视为珍宝保存在厚厚的相册里，因为它是一个至尊的见证，记载着一个女孩的初次独立，并且预示着后面尾随着许多充满荣耀的词汇：羽毛渐丰，小荷露尖，青春年华……

我做了母亲后当然很爱袅袅，但却明白无论母女之间如何情深意切，我们仍然是两个独立的人。袅袅4岁那年，组织上顾及我繁重的写作任务，拨了一个寄宿幼儿园的名额给袅袅。那个幼儿园是上海少有的几个顶级的幼儿园，有草木葱郁的大花园，木梯子上铺着热烈的红地毯，一切都很完美。临行的那天夜里，我在灯下给袅袅准备行装，在她的小衣服小被子上绣着名字。忽然，我扔下了针线，泪如泉涌：一个女孩小得连自己的用品都无法辨认、看管，那她如何表达心意，如何维护爱和尊严呢？独立是要有长长的准备的，是一种积淀后的崛起。终于，我们放弃了这个名额。

一晃，袅袅升中学了，被一家寄宿制的学校录取，我再次为其准备行装，看着她六神无主，我便把她所爱的物品统统装进行李，我其实是个重视精神生活的人，但我永远认可物质往往会对人产生奇效，对于一个走入陌生环境的女孩，携带的爱物能够慰藉她的心。临行前，袅袅在我的厚相册里翻弄着，说要带一张妈妈的照片，我怂恿她带我学农归来的独立照，可她不要，选了一张我穿便装、笑容安详的照片贴身装着，还说："这张才像我心目中的妈妈！"她不知道我如今的这份安详是如何获取的。

袅袅在住校的第一个月里，频频打电话向我诉苦：半夜睡不着，伸手找不到妈妈；女浴室的门坏了，洗澡时门会突然洞开；去学校的小卖店看看，因为她是个理性花钱的孩子，迟疑着比较价格，结果被店员斥责；就连钥匙圈坏了这桩小事，也会成为她独自流泪的借口。她在电话里哭泣，说感觉到离妈妈越来越远，她想放弃独立。

我说袅袅你必须试着解决这些事，至少试一试，实在解决不了，你再打电话给我。挂断电话后，我整天都守着电话机。一旦有朋友的电话进来，我只能三言两语便结束话题，说我正在等一个很重要的热线电话，稍后再打给他们。确实，眼下我最大的心愿是帮助一个女孩站起来，独自迈出第一步。



袅袅的求助电话迟迟不来，我心里空空的，整理着她的小房间，那里充满着小女孩甜腻的气息，催人心软，而且我还瞥见她留着一根小竹棍，她曾戏言这根竹棍留着将来打丈夫，她害怕会找个恶丈夫，害怕独自面对这个纷繁的世界，害怕迷失童心和爱心……刹那间，我心乱如麻。

就在此时，袅袅打来了电话，说浴室门已经报修了，现在虽还是坏的，但她每次都在上面粘上透明胶，再大的风也吹不开；小卖店的人这两天已知她的秉性了，不再冷言冷语；同桌和她一块用老虎钳修好了钥匙圈。另外，她晚上想家伤心哭泣，后来累极了，扑通一声倒在床上熟睡了。翌日清晨，看见太阳出来了，忽然感到心情豁然开朗。

其间又发生一件事情，袅袅急急忙忙来电话，说自己食堂的饭卡丢了，希望我去帮她解决。当时我对她说，你能不能自己尝试着解决，补一张卡或者找同学借用一下，她说不行，还说妈妈不过来的话她就饿肚皮，反正饿死了拉倒。我狠下心，没有去学校，想让她学习用自己的能力解决生活问题。过了一天，我忍不住跑去看看，直接去宿舍，脑子里闪着孩子倒在床上奄奄一息的可怕景象。结果去了，人家很生龙活虎地在那呢，原来她问同学借了饭卡，解决了吃饭问题。她还说：“我的人缘可好了，好几个人都愿意借我饭卡。”

后来袅袅依旧每天打来电话，只是内容变了，她总是兴致勃勃地告诉我她中午去了图书馆，晚饭后跟同学一块散步。她总在电话那端说：我很好，您好吗？我便在电话这端说：我很好，你好吗？那正是我心里呼唤的那种两个心心相印的平等的人在对话。

袅袅没去拍照，我送了她一个穿中学校服的珍妮娃娃，悄悄地把它当成袅袅独立的见证，因为一个女孩走向真正的独立，慢慢地拥有了为自己设计未来道路的勇气和能力，这真是令我喜极而泣的事。

## 37. 母爱的力量

我的一位朋友常念叨说，对于一个孩子最大的福分在于拥有一位慈爱的母亲。

朋友家有三千金，她们的母亲是个主治医生，她优雅纤弱，充满仁慈，她鼓励女儿大声说出自己的心愿；她在院子里栽了三棵树，分别以三个孩子的名字命名；在成长过程中，每当她们胆怯和孤独时她给她们唱歌。三个女儿无一例外都以为母亲最爱自己，就因为她的鼓励总是那么及时。

有一天，她们失去了最爱的母亲。可她们家并没有传出那种死了人的悲惨哭喊，特别是三姐妹，她们默默地协助父亲料理了后事，显得十分理智。直到有一天父亲出差去了，姐妹三个才抱头痛哭了一场，因为她们怕父亲伤心。那种为亲人着想的秉性是她们从母亲那儿继承来的。

这是母亲留给她们的最贵重的遗物——爱和仁慈。

母亲的爱有时还能创造奇迹。我认识一位容貌出众才华横溢的女孩，爱写诗，有点林黛玉似的。就在花季时节，女孩遇上些刺激，突然疯了。她目光呆滞，与亲人们反目为仇，几乎所有的人都摇着头遗弃了她，唯有她的母亲不肯放弃一线希望。她细心呵护，一连数年，头上的白发一片片地长出。终于有一天，她的女儿开始明白事理，突然开口说了声“谢谢妈妈”。她的母亲一听此话，眼泪夺眶而出。

世上最珍爱我们的往往就是母亲，母女间有着息息相通的纽带。由于过于相知，因为母亲爱女心切，也因为女孩成长期的迷惘，生活中不时有些母女纠纷。记得中学时，我也时常违抗母亲，甚至觉得她的话有点过时，相比之下还是朋友更可亲。为此母女便话不投机，时常不欢而散。直到有一天，我在朋友那儿碰了壁，才体察到母亲的用心良苦。母亲的厚道还在于每当我不走运时，她总说：“只要身体好就行，你还可以再开始。”听了这句话，我就心安了。就如一个行路人，踏踏实实地赶路，因为我无论多晚赶到，母亲都会开亮灯等候着我。

直到如今，我自己已是一个母亲了，可遇上大事小事，我都不由自主地打电话给母亲。有时母亲外出了，一整天都不在，我会坐立不安。这时，若拨通一个电话，听到母亲安详地说一声：“喂。”知她平安，我会深深地感谢生活，心里有那份爱和亲情，一生足矣。

我另一位女友，前不久失去了慈母，当时她简直昏了头，看见母亲的照片就要转过去，不敢对视；追悼会上她扑上去恸哭，试图牵住母亲的手不让其离去。但是如今她已从万丈深渊的痛苦中走出。她说以前怕走黑暗的夜路，而现在不怕了，因为走在黑夜里会感觉母亲就在身边，母亲留下的力量无所不在。

母亲的爱、亲人的爱就像一块永不融化的蜜糖，它们存在心底，只要轻轻地碰碰，就会泛出芬芳。时过境迁，许多事都会淡忘、消逝，唯有这块蜜可以受用终身。

## 38. 善与恶

对孩子的心灵成长而言，爱、创造、荣誉感是最为重要的要素，与之匹配的是行为习惯、阅读习惯、成就感、情趣审美等等，这些能帮助孩子拥有体面与自信。

一个阳光的孩子在童年的时候也会遭遇恐惧感，不安全感，以及苦涩、难堪，一方面是人的天性，孩子不可能拥有强大的内心力量；另一方面孩子对未知的一切既向往又难以确信，一知半解，有时候无知也会导致怀疑和胆怯。尤其是在电脑时代，孩子在电视、电脑、游戏机上看到了大量的碎片，成人世界的一切丑陋没有遮拦，都进入孩子的视野。成人都会感觉我们生活在不安全的世界里。世道险恶，人心叵测，让人狡诈的剧情在电视里太多了，没有善终的结局也太多了，也许编剧这样编才过瘾，觉得把人生的结局搞成碎片才刺激，才深刻，而力量征服、弱肉强食等观念则在电子游戏中得以无限夸大和扭曲，我们没有想到孩子和成人不同，他们的承受力，他们的认知能力和接受的东西中间有落差。

我常收到孩子的来信，有的说压力特别大，半夜醒来，感觉有一块大石头压着胸脯。孩子还问，人生那么难，那么苦，活着有什么意思呢？还有的孩子很虚幻，觉得现实太重了，想找到七色花，遇到困难，给一朵，能化解所有的积虑苦楚。

孩子的感情是很微妙的，他们能够理解现实中不少事情。我并不主张把生活的阴暗面不加保留地告诉孩子，那样会误导他们的世界观；但是孩子的世界也不能只有阳光和鲜花。这个世界有美有丑，有单纯有复杂，有快乐有忧愁。给孩子的精神产品应该阳光一些，辩证一些，融入人物的命运应该有喜有悲，让孩子们随着人物的命运，去解读生活的丰富吧。

在我们的儿童时代，民间文化的传统还比较完善，那些弄堂口的牌坊名字都有忠孝的含义，那些茶馆门前会有说书先生说岳飞和秦桧的故事，路过小书摊，书中的人物和故事都是有气节有正义的，在这样的善恶规劝明确的环境，小孩的是非也是很清晰的，容易产生安全松弛向上的意念。而现在，孩子看到了过多的物欲，利己，陷阱，伤害，他们小小的清澈的心里颜色还能保持吗？

在西安曾爆发一件令社会震惊的新闻。

寒假里，一个13岁的女孩像往日那样做完作业，出门散心，在自家大院边上的商店买些小零嘴，就在那店子附近偶遇小学时的女同学冯某。冯某邀请女孩去她家玩，女孩推说另外有事，便与冯某道别。这场景，本是十分日常的，一如我们所熟稔的温良生活。谁知它还会无风也起九尺浪。冯某不依不饶，竟招手叫来4位她的中学同学，一同将女孩强抢到冯家。

惨烈的事就在冯家一步一步展开：冯某她们把女孩的双手绑住，用胶带纸封住她的嘴，找出口红在她的脊背上写一个大大的“死”字，先是推搡，随后便是暴虐与毒打，她们打肿了女孩的脸，又舀来些尿，在尿液里搅拌进甜酸苦辣的各种调料，逼迫女孩喝下去……

事发后，冯某交代说，所有做的这一切，仅仅是因为那小学同学不愿与其玩，伤了其“自尊”。至于那些下作的手段，是她们跟一些碟片、影视里的镜头学来的“精粹”。另外4个冯某的同学，与那女孩都不认识，她们这样折磨那女孩，参与的理由却是，不参与的话，可能会被冯某视为对头。

冯某的“坦言”言轻了点儿。影视、碟片中充斥着太多的厮杀、仇恨、流血，以及残忍和狂妄，但这毕竟是来自外部的影响，驱使人去行动，去行恶的，还在于内在的因素。像冯某这样的，首先是心灵中人文的东西一片空白，头脑里缺乏公平的思想，唯我独尊，当那女孩不愿受其调遣时，便怒不可遏，在过激的情绪之下，丧失了理智，把几分钟前还是“友好的小学同学”当成死对头来整。

冯某的行为似乎是具有偶然的：倘若这一天，她没出门；倘若这一天，那女孩正巧玩兴正足，俩人欢欢喜喜去冯家；倘若这一天，她四处寻找不到“帮凶”，或者随她而去的4个女生能有人站出来制止，那么，这些结局统统会被重新改写。

然而，它却是必然的，冯某等人的行为之下，掩着罪恶和危险，掩着施暴的欲望，那颗恶的种子早就在心底埋着了，只是在这个事件中，可怕的种子发了芽，抽出了罪恶的枝蔓。

当然，让那种子发了芽是一桩很严重的事。校园里一些孩子心里有恶念闪过，有本能的野性，甚至某些阴暗和不健康，不和谐，自私，过于自我，这大都是被忽略了，被看成“不懂事”；都是作为孩童的复杂性，作为如何让孩子认同自我，如何涉世，如何学会爱与憎等这些人类的话题却是失却得厉害。但是，那人类话题涉及到教育学、社会伦理、青少年心理等诸多方面，道德约束力，良知，是非观，优雅，都必须在一个理性、人文的大背景下来完成的。当从善成了社会的趋向，那样，即便人之初心里飞来些不那么好的种子，或是过激的情绪，那么道德和是非，正义也能将有病的种子扼去，砸碎，甚至，从抑恶那儿升华出扬善来。

多年前在媒体上看到清华大学学生刘海洋伤熊事件的始末，也是令一切善良的人们大惊失色的事。一个正儿八经的名牌大学学生，一个样样看上去都正派的年轻人，他的内心为何会如此冷酷？

这事在中学生中也引起大波澜，有些小孩还以这题材排出小品演示，他们热忱地争相饰演受伤的两只熊，以这小小的举动表示对两只可爱的熊的同情与怜悯。当然，好心善良，会感动的小孩永远是那么多。不过，刘海洋伤熊这件事令我想起一年前碰到的另外一件隐约相关的事，记得当时，我连夜写下文章表达自己的震惊：那是关于小孩的冷酷的思索。

在大人们的眼里，小孩总是天真烂漫的，说话奶声奶气，有点怯懦，童言无忌，即便有讨人嫌的地方，比如说说小谎，贪玩嘴馋，吵吵闹闹，恶作剧，也无不带着真性情，这一点格外教人爱也爱不过来。有时结识一些出挑的小孩，看着他们清澈的眼睛，羞怯的笑容，诚实的神态，心里真是如沐春风，犹如看到了林中最青翠清爽的小树。

甚至，一些大艺术家都曾暗暗祈求上苍赋予他们以小孩清白直观的眼睛，就因为小孩身上保留着自然的天性，没有过于社会化，他们会用热切好奇的眼光看世界。

然而，如今的情形似乎大有不同，小孩们已不似先前那般单纯、闭塞，早熟的小孩比比皆是。有的小孩体现出的冷酷和暴力倾向时常给我以相当的震惊。

前面所说的，我去广西担当作文比赛的评委，遇到的那一篇颇有争议的习作《我是一个调皮的孩子》，后来引发一场有关现代教育的大争论。习作出自一个小学四年级的小女孩之手，她回忆自己在四五岁时，父母离家外出，把她独自丢在家里，百无聊赖之中，她想到谋杀家里的小动物，第一次是用刀划开小鸡的肚皮，直至它翻着白眼死去；第二次又欲罢不能，撬开家猫的嘴，将滚烫的开水灌进去，害去它的性命。那女孩自诩是“一个调皮残忍的小天使”，她津津乐道地写下这些“谋杀”过程，随后又声称没有0.001毫米的同情心。

说真的，我不愿相信一个四五岁的小女孩，聪明伶俐，满身芬芳，却会做出这等残忍的事。低龄小孩的阴暗也曾见识过，比如自私、破坏性、或是情绪上的怒气、嫉恨等等，但像这样做令人毛骨悚然的事却是前所未闻的。我情愿相信她不过是觉得只有这么写才“酷”，引起众人注意，于是借着脑海里的一些黑色恐怖的幻想，在作文中“口出狂言”。

即便如此，小孩体现出的某些躁动不安、恶气，以及对良知的混沌漠然，仍然使人忧心。无论如何，小孩是无辜的，她只是在模仿她所看到的一切。那么，大人们给予孩子的，又是一个怎样的世界呢？

这一代的小孩较早地看到了生活的碎片和阴暗面，凶杀案、校园暴力、拐卖人口等等，即便是有些专为儿童制作的漫画、动画片也不那么纯洁。许多角色被“杀死”，受伤、暴力、流血时常闪现，而且是借着好玩可笑的举动出现，令小孩相信这些行为的正当化。久而久之，小孩以为这世界就是那样冷酷，那么不美丽。

前一阵播映的获奖片《美丽人生》，它的深刻内涵就在于，庇护儿童的灵魂，其实就是对他们的最好的拯救。若那父亲不用美丽人生的故事保护抵挡，让小孩在安详正常的心态下处事，那么小孩不被吓死也会被杀死，不可能在险恶的环境中有绝路逢生的光明结局。

在真实的人生中也是如此，人类的许多经验显示，一个人在童年时没有得到安全感和宁静的心灵，这个人或许一生都处于怀疑、虚荣、不安之中。而小孩们其实都有向善的需求和动力，只要给予他们阳光和良知，审美的能力，健康的情感，那富足的内涵能使他们不断地获得净化心灵的动力，从而站高一步，客观地认识自我，他人，世界。

小孩的恶行往往会被大人们忽略，几年前发生的一起案子就是明证。有个小孩从小就有杀小动物的癖好，被大人发现，他便狡辩说是为了找到小动物的灵魂，于是，大人们不以为然，直到后来，那小孩长成大人，以同样的手法连杀数人，当初不以为然的大人才追悔莫及。

当然，真正的恶魔只是极少数，绝大多数的小孩还是可爱与美好的，但正基于这一点，及早地给小孩创造美好真挚的环境，让孩子拥有人类之心，知道公平，同情，善恶的分界才显得分外有意义，这正是社会和成人对小孩的最大关爱。

## 39. 人类之心

作为儿童工作者，我接触的孩子很多，这几年我收到了八千多封孩子的来信，大概有一半的孩子会说父母坏话的，很多孩子感觉在家里很压抑。其实，孩子自身有免疫力，家长不必事事担心、管制，要给孩子一定的自由度，允许孩子自主地做一些事情，自由地安排一天、半天。孩子是需要放飞的，在放飞的时候，孩子会焕发灵性与诗意，因为他心里是快乐的。

很多年前，我在小朋友送我女儿的贺卡上看到一句赠词：袅袅，你是个欢乐宝贝。

当时的袅袅真是个天真自在的小人儿，因为有灿烂的童心，仿佛永远是欢乐的。她常常随着微风穿行在公园里，想着毛毛虫为何那般难看，狗为何摇尾巴。她对自己对他人都很宽容，记得有一次，都夜间十一点了，她睡不着觉，偷偷爬起来，躲在自己的房间里“咚咚”地灌篮。不但将家人全都吵醒了，还使楼下的邻居惊魂难定。我生气地训了她，她诚恳地接受了，可一张小脸上却是喜滋滋的。事后，她振振有词地说，她在想：这时打篮球是错了，可总比半夜一点再打要好些吧？否则，邻居会以为闹鬼了。

人怀有赤诚的童心，往往是欢乐的。然而单纯的欢乐总是脆弱的。袅袅一天天长大了，她人大心大，开始有了源源不断的烦恼、痛苦：她常常会为堆得老高的、做也做不完的功课叹息；为学校里不相识的校友遇难猝死而伤心；为同伴的闲言碎语而不安。甚至，是一些在外人眼里极小的事件：被代课老师叫错了名字；在食堂买盒饭被高年级学生撞翻了饭盒等等，等等。任何不顺当的枝节都可能摧毁她的欢乐。



我劝说袅袅，不妨换一种眼光看，经过如此艰难沉重的一段岁月的煎熬，今后的路就会走得有耐力。至于同伴中不和谐的声音，说得在理的你记在心里，有些不同的声音能够长人见识，知晓原来还有人是这样看待世界的。至于那些无聊的部分，一笑了之。何必去跟无聊纠缠？那会沾上琐细、卑微的尘屑。

可是，袅袅脸上频频出现着不安和惶然，我知道，她的心里仍有阴霾，仍充满疑虑。

欢乐为何不能长久？为何稍纵即逝？那是因为太多太多的缘由。其中之一便是生活的严峻多变，难尽如人意。人生活在社会中，几乎每一天都会遭遇理想与现实的碰撞，它绝非故事里描述的那样轻巧。有一个故事这么写着：有一只小熊带着一罐蜜糖去祝贺朋友的生日，半路上刮起风，下起雨，小熊滑了一跤，蜜糖全打翻在地。小熊只得将空罐子送给朋友做生日礼物，没料到朋友欢天喜地，因为它酿有吃不完的蜜糖，正缺这么个罐子。显然，这个皆大欢喜的结局是作者的美好愿望，而我们宁愿更多地相信小熊遭风雨时的焦虑，蜜糖打翻后的沮丧以及种种交织着的复杂情感，那才类似我们熟识的生活。

对于每一个孩子来说，刚刚褪去童稚、纯洁的年岁，拉开社会厚重的帷幕，难免会为舞台上纷繁的现实所困扰，他们需要抵御痛苦和不适的勇气，需要寻找处世的方式。

记不得是哪一天，袅袅告诉我，她找同学交流过了，同学都说他们也有类似的感觉，欢乐常常是来去匆匆。这么一来，她反而安定了，因为这不仅是个人的隐痛，更是我们人人都要面对的问题。

人生中含有不可避免的悲剧意味，而人心则是最敏感、最能体察苦难的。这也是每个人都会有悲伤的缘由。我们能做的，是为世界多创造些美丽，为他人多献出些美意，将自己的人生之路铺设得更美好。另外，不妨保留些赤诚的童心、宽容的目光。

生活中有欢乐，也注定交织着无尽的忧伤和痛苦，这就是长大的标志。然而真正的成熟则是不仅能把握人生的方向，同时能够乐观地悟出：忧伤和痛苦就像天气，别看它肆虐横行，但总会过去，一旦心灵达观了，就如太阳出来，光芒万丈的好天气再次降临。欢乐随之而来，暖洋洋地照耀着乐于敞开心扉的人们……

我花了很多工夫做一件事情，那是很重要很诗意的事情，它能帮袅袅守护童年，那就是不过早地让孩子有一种功利心。依我看，保持童心那是儿童的权益，如果孩子被教得很功利，或者自私利己，或者重物轻义，就很难跟好的同龄人交朋友，也会受到集体的鄙视，因为谁都能看见每个人的品行的，孩子如果注重美和趣味，追求高尚，会受到更多的认可，非常有成就感，非常自豪，而这样对未来非常好。

对这一点我看得很清楚，因为我常跑校园，隔些时候不去就有些空落落的。我也不知是因为写校园小说写出了什么职业癖好，还是我就是那种从骨子里就依恋纯净世界的人。

虽说这些年人们的心情冷了点，学生也不似我们当年那样群情激昂，世故之风吹进校门。然而，学校仍是有着合唱的歌声，有着升旗仪式，有着集体主义和求上进精神的地方。不说别的，相互间叫着学号，称呼对方为同学，那种关系就仿佛脱了俗地干净剔透。

曾经参加过一个学生自发组织的拍卖会，似乎是在一个狭长的礼堂中举行的。在一长排桌子上放着孩子们人见人爱的物品：长毛绒玩具，叮当作响的风铃，还有崭新的铅笔盒，甚至还有女孩的漂亮头饰。这些东西聚在一起，真像个小型博览会。有几个孩子在高声叫卖，也有人买，但大多数是看客，他们围在卖品边窃窃私语，点点戳戳。

“请买这头饰吧。”有个小女孩扯扯我的袖子，“它很美，太阳一照会发光的。”

我问：“多少钱呢？”

“两块钱！”她说，“请买下它吧！”

我禁不住买下了。因为并不贵，何况那女孩露出央求的目光令我动心。

“谢谢！”小女孩把头饰交给我，

"等它旧了之后，用牙膏擦一擦就会又闪亮的。"

我转身要走，忽见女孩把两块钱投进一个箱子，那个箱子上写着：为张敏同学献爱心。

我问谁叫张敏，女孩告诉我，张敏是他们班的同学，患病了，所以大家就想办一个拍卖会把所得的钱捐给张敏。

"那些东西，"女孩指指拍卖桌上琳琅满目的商品，"都是我们带来的。"

原来，那是孩子们捐献的爱物，他们守在自己的爱物边，是想郑重地把爱物托付给买者。

"这个头饰是你捐献的？"我问女孩。她羞涩地点点头。

后来，从另一个男孩子那里，我了解到，拍卖会有一条规定：凡不成交的物品都归还原主。也就是说，女孩假若不哀求买主买下头饰的话，拍卖会一结束，她可以重新获得心爱的头饰。

我想把买下的头饰送给女孩，因为那美丽的头饰戴在她头上才会更有光彩。可她却拒绝了，还像受惊的小鹿似的跑开去。因为在她天真幼小的心中，只有奉献得彻底，才是神圣而骄傲的。

孩子的心智能为功利无关的东西所动，是多么可贵。不是只关注自己，可爱的人，别人觉得很松弛，自己也是。人们喜欢孩子首先是因为他们不懂设防，称得上是性情中人，而且，孩子往往更能体察人间悲情。前一阵一个小孩被选去演一出电视剧，演到苦戏部分，导演启发她想象那些世间的悲惨：失去父母；最亲密的朋友突遭车祸，等等，导演话未说毕，孩子已大放哀声，而且她被触动得太深，以至于勾着头啼哭不止。结果戏反而无从拍摄。导演抱着孩子又买新衣服又逛游乐场，花了九牛二虎之力才使这孩子重绽笑颜。

据资料显示，有百分之五十的成人难忘童年，依我看远远不止这些。我们其实可以同一切人谈论童年，这是一个永不衰败的话题。每到人们谈及小时候如何羞怯、纤细，如何护着心爱的东西东躲西藏，如何一听宇宙的奥秘就心神摇荡，这时，面容上会升起奇异而柔弱的光彩，唇齿间都会漫出梦的气息。

对孩子的成长而言，美，是没有极限的，而有童心的孩子永远能听到美的召唤。

# 40. 金甲裹身法

我认识一个孩子的妈妈，叫王小鹰，也是一个有名的作家。王小鹰这人，怎么说呢，真是把陪读妈妈当得可歌可泣，虽然前还有古人后也有来者，但凡许多人要站出来和她比试，一定会自叹弗如的。

在相当长的一段时光里，逢了周六周日，我若有事打电话到小鹰家，接电话的总是一位男士，他用男低音回答说王小鹰不在，她出去了。

几次三番，我有些纳闷，心里吃不透那男低音是不是小鹰的先生，想那小鹰每逢节假日外出逍遥，也不带上先生，倒也有点女权的意思。如此一想，便觉得问对方是谁就唐突了，所以说完事由就挂电话，从来也不往下说。

有一次好像是为一家出版社约稿的急事，我这边请男低音代为传话，事无巨细地说，那边倒也熟门熟路地应对着。大家都提到些共同熟识的朋友，说得近起来，我便说，“请问您是小鹰的……”

他立刻接话道：“我是王小鹰的秘书。”

后来才知那是小鹰的先生，他们家的首长此刻正拖着女儿棒棒在拼搏，在这个业余学校与那个进修班之间奔波呢。当然陪读的内容一直在更换。这位陪读妈妈先是送女儿去学画，那时棒棒尚小，坐在教室里面很不自在，老师在黑板上画个狮子，画条鱼儿，孩子不看黑板却朝门外的小鹰看，那陪读妈妈正站在门边瞭望着呢，眼里脉脉温情，努着嘴唇用手势打哑语，让孩子看黑板，一心一意学画呀。

后来棒棒又学钢琴，那小鹰基本是个音盲，但每次陪着上钢琴课，她都能记好几页笔记，里面有音乐真理也有记错的谬误。棒棒有时还出花样，练琴时非要让妈妈伴舞，小鹰为了鼓励孩子，便独自在那里翩翩起舞，这时要是撞进一个人来会觉得她特别可疑。再后来棒棒又习书法，学奥数，修英语，诸如此类，如此这般，小鹰一陪就是十来年！

通常，棒棒去学这学那时，这个陪读妈妈就在附近找个茶馆坐下，泡一杯茶，慢慢等。后来去的次数多了，店主都认得她了，每次快到时辰了就预留出一个位置，让她在相同的时间坐相同的位置，店家也聪明，晓得别的客人也许会爽约，而唯有这个坚定的陪读妈妈能做到风雨无阻。

而有些学习场所附近并没有像样的茶馆，那小鹰夏天就找个能吹着风的地方坐着看书，冬天便往人多暖和的地方扎着，心甘情愿地等。

棒棒长大了，这孩子是个阳光少女，人缘极好，进进出出时呼朋唤友；数理化也拔尖，据称是年级里数一数二的常胜将军，还有，人家早早就考托福了，作文也屡屡获奖，又被美国的耶鲁大学所录取……

但是小鹰这陪读妈妈的成功最怕被人误传，好像只是照搬了这些辛苦，必会有此效果。事实是，也有的家长忙啊忙的，却不得法，没忙出效果，倒帮了孩子的倒忙。

教育的重要性就是在于它要因人设置，您的孩子若是一条小溪，鼓励他清澈向前永不停息才对。如果您的孩子是一棵树，助其挺拔高大，郁郁葱葱便最好。

孩子是完整的人，个性不同，但每一个孩子都需要父母的爱，希望得到鼓励和足够的尊重，特别是每个孩子在成长过程中都会充满压力。小鹰好的地方是一旦孩子对她讲心里话时，她让其说完，耐心去倾听孩子是很重要的。父母若能很得法地为孩子着想，知道孩子心里真正的胆怯、不安是什么，并且帮着疏通，替孩子解压，解难，解忧，把这些换成了自信，坦然，那孩子就有了动力和信心，那最高的峰，毕竟是要靠孩子自己去攀的。

当然还得为孩子解渴，我觉得小鹰教女有方更突出的地方是，她没有忽略孩子对精神生活的天然的渴求。

为了这个可以用的好像是“金甲裹身法”——早一点将美丽的古典音乐让孩子接受，孩子学会欣赏了，长大后再听一些流行曲，就没有问题，因为审美的底子在那儿。另外，培养孩子的阅读习惯也是至关重要的，国外的阅读体验，从孩子一岁半时就开始了，阅读使孩子能够安静，学会理性，书里有几千年几万年的历史，几千人几万人的心里的事。如果和好书有了亲近感，离智慧就近了。因为不论是对大人还是对小孩，生活本身是三分，而如何看待它却占了七分，所以得到通透的目光是重要的。

这些年，为了当好陪读妈妈，她一定少写了若干篇文章。至于小鹰这些年的付出值不值得，看来这只能随外人去评说了。小鹰自已倒是乐此不疲。我写此书前，曾打电话去想通报一二的，不想又扑空了，她的“秘书”说，首长又陪女儿出去了。我无语，她真是一切为了女儿，这精神我是比不了的。

## 41. 性别之争

我写的《男生贾里》、《女生贾梅》吸引了无数小读者，被认为是中国儿童文学的经典之作。可最初想起创造这一对双胞胎兄妹是在上世纪90年代初，我收到一个小男孩的来信，他非常有意思，跟我发牢骚说现在做男生可真难啊，以前男生受到的教育是要保护女生，但现在女生不但学习成绩比他们好，能力比他们强，长得比他们高，还经常欺负他们，甚至有的女生因为有“暴力倾向”而怒打男生。

我注意到，在知识经济时代，学校对男生女生的要求已经趋于一致，可是男生和女生的生理发展和心理发展很不同，女孩强势后性别对抗在加剧，甚至在很小的孩子当中也无可避免，这是永恒的命题。受到这个启发，我写了《男生贾里》和《女生贾梅》，随后又写了《小鬼鲁智胜》、《小丫林晓梅》等续篇。我想写这些首先是儿童文学的特性，因为要把儿童的状态、某种成年人已经遗忘而孩子无法表达的东西写出来，并不是件容易的事。这种校园里的存在的潜意识，儿童可以感受得到逼真是很难把握的，你必须破译童心，从孩子的眼光来看整个世界。你写出来了，孩子才能很服气地说，对，我们就是这样子的，你怎么会知道的？才会喜欢去读你的作品。现在能被孩子普遍认可的优秀儿童文学作品不是增加了，而是远远不够。

其次在性别方面，女孩的崛起会让男孩感到失去性别优势的危机。记得袅袅学校曾开展过男生女生互助的活动，可是女孩不要男孩帮忙，觉得自己比男孩更能干，利索。女孩不给机会，男孩也没有劲头了。

我收到的小读者来信，其中女孩的来信比男孩更多一点，好像女孩天生乐于交流，容易敞开心扉，善于找到与他人接近的途径 。

在心理上仿佛女孩们对自己也比较宽容，她们写事记人，诉说快乐或者倾诉不满时往往觉得自己还比较小，所以哪怕发现自己的不足就很快原谅了自己，释放了压力。有的还解释说“我是个才十几岁的小女孩呀”。她们希冀能得到更多的来自父母、老师、朋友的关爱和呵护。当然也有女孩们会盼望自己有哥哥，或者有哥哥那样的男孩来保护自己，她们在来信中表示：“我很羡慕贾梅有一个好哥哥，要是我也有一个就好了。”

男孩的来信在叙述中视角和女孩有所不同，男孩的来信更沉闷一点，有的流露出一种焦虑：我已经十多岁了，却还没有被重视，已经很努力了，但所有的一切还没见什么大起色 。

社会、家庭、学校对男孩和对女孩的评价标准渐渐趋于一致，这是有问题的，在学校里，往往学习成绩是第一个标准，也是最重要的标准。在家庭里似乎也是如此。而现行的教育体制，考试方式让女孩们更游刃有余。

尤其是在小学和初中阶段，女孩更具有用武之地。于是女孩崇拜男孩，这在过去很多年很多代都流行过的校园风气，现在仿佛快要颠倒过来了。

我所走访的几十所学校里，那里基本已是女孩的“天下”：学生干部中女孩居多，成绩拔尖者中更是女孩居多。特别是女孩的个头也比男孩显得高出一截，口才更雄辩，看事通透得体，在领导才能和艺术天赋上也毫不逊色于男孩。

这些年来女孩们的独立和崛起是令人高兴的，世界对于女孩成长的羁绊被打碎了许多。

可是这一切仿佛打破了男孩们对女孩的认同感，以及他们对于自身的定位。

男孩天生就有较强烈的性别优越感，容易看低女孩，往往会把同龄的女孩看得比自己年幼，而他们受到的教育也是要多帮助女孩，要更富有责任感。

但是校园的现实基本已打碎了男孩那根深蒂固的看法。有个男孩说自己很失望，原来看到自己的同桌长得很小，像一只小猫那么可爱，于是处处帮助她，设法保护她，她也不反对。可有一天她为了一些事儿跟他吵架了，很厉害，而且对他还有“暴力”行为。后来他不帮她了，可那女孩并不在乎，她的力气也不小，能耐大着呢。他这才发现她不是一只小猫，简直就是一只大老虎。

而且在小学校园中，惊异于这一点的男孩更多，更有甚者，现在喜欢“暴打”男孩的女生也有不少，而且她们在女生堆里还很受崇拜。我去校园时，一说起这个话题，男孩们会纷纷向我诉苦说：“现在反过来了，女孩还要欺负我们男孩。”这时男孩和女孩都会各站一个阵营，当场就争执起来，闹个不可开交。

不久前在上海的一所小学，有个男孩跑来对我说，当听到我为男生们说话时，他的眼泪都流下来了。

其实性别的“对抗”在人发展的任何阶段都会有，它遍及社会、家庭等一切领域，当然在小孩子中间也不例外。可是这种对抗的完美状态是，双方通过“对抗”学会尊重对方，理解对方，修正一些劣处，更好地保持各自的性别优势，这才能优化性别之间的平衡与和谐，使男孩和女孩在构建新世界时成为一种很好的互补，而不是使某一种性别的人去改变特性。

在很多校园里，总体的格局总是阴盛阳衰，在女孩的强势下，有些男孩有不服和不满的心理，也有些男孩却不免有受挫的沮丧感觉 。

当前的情况是，男孩的成长也许比女孩更不容易。最令人担忧的是，有些男孩的性格特征在异化，校园里具有阳刚之美的男孩比例并不高，而说话奶声奶气，性格、举止、习惯中带有女性化气息的男孩屡见不鲜，这已成为了一种社会现象 。

对于电脑时代的男孩，社会、家庭、学校需要关心他们完成性别塑造和性格塑造，提倡男孩们更有阳刚之气。其实最便捷的方式是在运动和玩耍里让男孩们多多体现“性别的痕迹”，让他们的善于冒险和创造的秉性存在着并发展着。

大自然需要自然的纯熟的果实，应该鼓励男孩像男子汉一样闯，更多地放飞他们，让他们做一些力量型的户外活动，比如让他们登山，让他们去玩喜欢的官兵捉强盗，摔跤，体验独立和野营，冒险的乐趣，进行一些饲养活动，开展竞技活动，球类或者可以结成团队，学会合作和交流的活动。这一切对男孩的进取心、好奇心和取得性别自豪感的帮助会是很大的。 时代不一样了，女孩也有完善自己，放飞心灵，创造发展的需要，她们未必只喜欢厨艺、布娃娃、跳橡皮筋以及制造温馨的活动，令她们快乐的并能够滋润她们心灵的活动，一定会带有性别的烙印，但它们也在日益广泛 。

其实，有一个强大的男孩群体，对于女孩的性别发展、人格完善也是相得益彰的事啊。

## 42. 读写对接的秘诀

对很多孩子而言，他们有一个深重的烦恼，他们了解了阅读是写作之母后，开始阅读。可是他们不知道从阅读到写作的台阶到底有多高？如何对接起来？

孩子如何阅读是很关键的。我有个亲戚，那孩子以前也阅读，但是只是翻看书里的图片和大意，我和他聊天，发现他的语言很单调，说话都不连贯，我让他开始一字一句地朗读儿童小说，要大声读，起初每天读两页，熟悉故事梗概后，可以多读几页，每天读后用自己的语句复述故事，然后爸爸妈妈可交叉提问。这样一来，他读进去了，觉得有趣，朗读水平也逐渐提高，对书面语的表达方面也就有语感了。

通过阅读，孩子哭了，笑了，思索了，那就有了美丽的开端了。孩子读好的儿童文学能提升人格，一旦心里有了东西和积累，有话可以好好说，好好写了，这样开始学习写作就比较顺畅。要用各种方法积累词汇，锤炼语言的表述能力，作文里的记事，写人，抒怀，燃情，描景，哪一条能缺少语言呢？

衡量语言有很多讲究，最基本的标准，一、写清楚、二、写精彩。

按我的写作经验，小学生写作文的时候，达到第一条标准就可以，尽可能流畅些，具体些，要自然流露，这是很重要的。我记得袅袅学作文的时候，最早是“看图写话”，这种形式很适合孩子，可以有些自由度。那幅图是，下雨了，小鸡躲在树下。袅袅写了小鸡采花给妈妈，妈妈很高兴，可是她忘了是在雨中，小鸡没有回到躲雨的地方，妈妈也忘了避雨。但是我给袅袅指出这一点后，后面再写作文，编故事，就有口才和想象力了，她就慢慢考虑周全，有了理性，连贯的思维。再后来，她学会了理解句子的寓意，可见对写作有了理解力。

到了初中，如果想写一手好文章的话，还要阅读得对头些，然后让读和写紧紧握手。初中的阅读要理性一些，除了读出趣味还要读出意思，读而不思则罔。另外要准备一个好词本，把阅读的感受和受感动的片段记下来，可以一两句，也可以一大段，关键是好词本的利用。在写作时千万不要翻本子，要独立写，不能依赖这本子，尽可能地进行写作能力的扩张，甚至努力去穷尽，扩大写作疆界。等到修改文章可以用这本子，在运用中体验与消化，既使文章更好看，同时也拥有灵秀的文思。

阅读既然是一生的计划，它不仅对写作有帮助，还能让阅读者的想象力提高，社会认知能力、观察能力、表达能力、审美能力、情感体验能力、爱生活爱自然的能力都有所提高。教会孩子做人做事，要尊重人和人的不同，又要保持自己，不要匍匐在所经历的事件里，还是要飞翔。经典的儿童文学是一种财富，读通了它们，世界的真谛、生活的原则便掌握在手，而且还有升华和净化心灵的美感。

我难忘几年前，北京十几所小学组织孩子阅读“小香咕系列”，读完后让孩子们表演，孩子们的表现令我欣喜。他们演小香咕演得声情并茂，很有自己的理解，一个演阔佬崔先生的孩子，凸出大肚子，另一个演小狗路易驹的，用尺子夹在屁股上，一群孩子演到向腊梅精灵说心语的时候，纷纷流下了眼泪。

但是培养孩子阅读，特别是真正爱上阅读，从此自觉阅读，很难。语言文字的符号意义最具有理性，而图画和图像不同，它们是感性的，从接受角度上说是认知上的退化，但门槛很低，具有直观性和消遣性，非常易于接受；而阅读的门槛高，有难度，仿佛是催着人往上跳一跳才能够得到，在接受的方面处于劣势。阅读量的丧失或减少，使很多学生存在一定的语言缺失，首先表现在口语表述的词汇量减少，上海的作家张秋生在校园里“旁听”了学生们下课时的对话，她们说：气死了……恨死了……讨厌死了……烦死了……数一数，有几十个。后来张老师写了一篇作品，叫“死了多少次”。这样下去，别说是写不了洋洋洒洒的文章，生活也会很寡味，交流也有问题。

对顺利爱上阅读的孩子，可以由其自行读下去，只是注意阅读也要升级，对于经过培养还是不爱阅读的学生，或者对有阅读障碍的孩子，要设定治疗性的辅导。

写作最终还是写一个人心灵的花花草草，心里没有话，是无法和写作好好对接的，即使有些事情是亲历的，写出来的时候也要重建和连贯，也要布局，谋篇。说到这里，我想到还有一个极端的问题，那就是刚开始学写作的孩子就受到了抓眼球的影响，有个小学四年级的学生想写一鸣惊人的开头，来问我秘诀。我说小学生其实写清楚更重要，不要走浮夸的路子，不必走很多弯路。有孩子说找不到题材，那可以找自己最感兴趣的东西，那往往是有话可说的，心里有了想说的，写出的东西才不失真，有个性。对于还没有建立写作自信的孩子，也可以让孩子先讲想写什么，复述几遍，顺了后写下来。

我想我从小学起建立的“写自己内心的话”的写作风格让我对此有了痴

迷，现在坐在我的书房里能看到一片草地，这对于我是一种奢侈，因为我都是在夜间写作，无论我的窗前是什么，我都能把它想成树林、雪山、湖泊，这是我的天性，也是我的幸运。

我会非常想念自己的书房。写作永远令我着迷，我铺开稿纸写作时，会在边上放一些年少时的照片，写着写着，就听到了小时候的歌谣，看到了会发光的树叶，会跳舞的精灵，以往的伙伴。一个有了许多见识的人能穿过时间隧道，去重温去勾勒消逝的岁月，多好啊！

我的另一个幸运，是能够在书房里阅读读者朋友的来信。给我来信的读者年纪最小的才7岁，年龄最大的已是七十多岁的老人了。我把所有的来信一封一封细读，在信封上作了记号，将它们悉心收藏在书房里，有朋友笑我，那小心的姿态像财迷们攒金银财宝一样。无论我置身于何处，它们都能温暖着我……

我的书房里还存着从各地买来的书和拍摄的照片。这些年，我在中国地图上标上走过的地方，我忘不了南方乡间漂着碎叶的溪流，也喜欢在北方那被太阳晒暖的山谷里，呼吸着北方充满灵性的土地上浓郁的草木气息；也痴迷于久久地坐在海边的礁石上；最经典的一次是坐在午后的阳光下居然错过了一趟列车。不过，我也因此获得了一个散淡的下午，独自采了满怀的小山花，几乎醉倒在那一片景色里，这样的下午好像后来就再没有过。

我也会走出书房去世界各地，我喜欢印度的瓦拉纳西，在那里我见识了恒河载负的奇异雄浑的宗教力量，可惜那次去印度总共不到半个月，去了红堡却没有腾出足够的时间去领略印度的沙漠风光。后来我去了我喜欢的非洲，在肯尼亚，我迷上了它的打击乐和野生动物，以及顺着自然和四季慢慢行进的生活方式。有一回，同一年里我去了两次美国，在那里的50天，几乎每一晚都是住在不同的旅馆里，飞机都坐得犯傻了，在美国看风景我喜欢黄石公园，看城市我喜欢波士顿。在西班牙，我被人盗走了钱包，只好借了钱去买弗拉明戈舞的舞票，要是在当地看不到它，我会弄不明白为什么要去那里。当然我也喜欢跟着朋友们在莫斯科找一家好的剧院看爱乐乐团的演出，不用很多花费，有很好的音乐，那里的剧场氛围，全世界都找不到，当然，北欧也是很迷人的，瑞典的建筑，丹麦的小店，芬兰湖面上的水鸟，世界的不同本身就构成了美丽……

与亲人和朋友分享旅途中的见识只是一部分，而深藏在心里的往往是最无法概括的，那模模糊糊的就是留给自己独享的东西。如果在这时能够坐在书房里开始一本新书的写作，那便又是一种幸运。



## 43. 辨认颜色与世界观

曾经有位记者在新千年将至时，打起背包，去世界各地采访一些少年儿童，想让这些天真无邪的孩子谈谈对将来的看法。不出意料，这些孩子很乐于吐露真言，只是他们呈现的有关将来的梦想灰蒙蒙的，充满了战争、贫困、疾病以及厄运的阴影，令人惊讶。

有的孩子说世界将变得很冷很冷，白天像黄昏一般，黄昏就如现在的黑夜，而黑夜则变得漆黑一片，如同钻进黑洞；还有的孩子说，人类将变得像机器人，不分聪明与愚蠢，只要在头皮里装块芯片，人人都与天才无异；另有孩子说，将来会有战争，还会有战犯以及更多的罪犯，很多人找不到好工作，他们会因为羡慕他人的钱财而沦为盗匪。

这些孩子的可怕的梦虽有一部分是出自于天真无忌，有一点脱口而出的成分，但总体上看，还能察觉他们对这瞬息万变的世界心怀恐惧与不安。他们心情惶然，充满忧愁，他们看到了负面的东西，牢牢记住。

世界的确是如此不完美，战事时有发生，能源危机、大气污染、自然灾害、毒品，它们像毒蛇一样缠着人类；更何况，还有人间的悲欢离合、成长的不适、生活的动荡，这些都会是催人悲观的因素，人生哪有完全如意的呢？



人的天性中有忧郁，因为我们的心灵是那么敏感，我们更容易体察人生的遗憾与悲苦，也就是说，我们的目光往往更容易看到“失去”而不易看到“获得”；我们索要的永远超过我们所能够得到的。

我认识的一个女孩就是提不起精神，她说人活着没意思，总会苦得不成样子，最后去死；她有美好的歌喉却不唱歌，说再唱也没有黄鹂鸟唱得好；她有丰盛可口的一日三餐却对着它们说：无非是酒肉穿肠过。

她看不到她的“获得”，她没发现因为有死亡所以生者才更壮丽；因为有“不幸”所以幸福才值得格外珍视。

我看过一张凯文·卡特拍摄的非洲的照片，一个浑身肮脏、饿得奄奄一息的女孩倒在地上，半闭的双目里露出几丝弱光，她双手前伸，抠在泥地里，艰难地一步一挪地朝食品发放中心爬去。凯文·卡特，这个南非摄影家看到那女孩时，在放声痛哭中摄下这张苦难的照片。

为何那个生活的痛苦远远超过了欢乐的女孩没有生存的质疑呢？与其说这是出于一种求生的本能，还不如说是一种人活下去的勇气，一种人类精神的光华。

人的精神的芳香使得沉重的人生变得富有意义。我们的梦里应该有这种色彩：熠熠发亮的，引人前进不辍的，而且，不是为了存在，而是立足于创造，把世界变得完美些。

梦的颜色其实也是一个人的人生观。高远美好的梦，给人以开阔的视野，丰厚的动力，能使人看到蕴于痛苦之下的幸福，黑暗过后的黎明。于是，人类不再害怕与惊讶，也不甘于陷在悲观的低吟浅唱中。

当然，对将来的担忧是客观存在的，但如果能登高一步，看一看过去、现在与未来，便会发现，人类已面临过无数的灾难与浩劫，然而，它们并未损伤我们人类的锐气，反而磨砺了我们。人总是能够战胜这一切的，包括自身的怯弱。

若能看到这一点，看到我们在失去中的获得、在苦难中的坚强、在幸福中的勃发、在创造中的辉煌，那么，我们的梦将是绚丽的。

世界的颜色是多彩的，因为人类的求索和创造精神不灭，对美的向往不灭。

长期以来，我希望成为这样一个作家，不仅能看到世界的多样性和神秘性，还能写出创造世界的人们的斑斓色彩，我希望我的小说里面藏一些机关，这些机关是留给对这书特别感兴趣的读者，找到这个机关，找到藏在里面的光芒。

创作小说有多少内涵，和所用的时间是不等的，比如说我写最快的一本书叫做《十六岁少女》，也是一部青春小说，跟《俞林·留汉》差不多。写这个书的时候正好我怀孕了，好像正好把自己的少女时代梳理一下。当时正好我先生出差，白天我在单位请假了，我的小屋就没有时间，因为时钟被我停住了，电话也掐断。我买了两个星期吃的东西放在冰箱里面，累了就吃一口，渴了就喝一口，白天黑夜写这本《十六岁少女》，基本上两个星期都在办公桌前度过的，累就趴一会儿，没有时间概念也没有电话，窗帘始终拉着，灯始终开着。大概一个月左右就把一部18万字的小说写完了。这是我的创作中唯一的不间断的一次，也是最独特的一次。我也蛮珍惜这个体验，而正常的书都要写一两年。可是这本书中留下了很多机关，是我为之骄傲的一本书。

让孩子获得通透的眼光，以下这几本书很值得一读，如《猛狮爱尔莎》（奥地利）乔·亚当森著，这本书写了人兽之间的动人故事，能在书里找到人类高贵的灵魂和责任担当，是一本很有价值的书。又如《安吉拉的骨灰》（美国）弗朗克·迈克特著。这之前，我从没有想到能用这个角度折射世界的微妙，这本有“自传色彩”的长篇小说以诙谐手法来描写少年时的苦难，简直绝了。《汤姆·索亚历险记》（美国）马克·吐温著，它和它的姐妹篇《哈克贝利·费恩历险记》都以通透的视角来叙写人生，使幽默和诙谐有了根基，文学手笔华丽高超。《妞妞，一个父亲的札记》是中国学者周国平著，写了妞妞的短暂的生命气息，作品里真实的情感，有忏悔和令人震惊的失落，这些又是最有分量的，这书里有一种沉甸甸的东西。

如果说要“单纯易读”，倒是让我想起美国作家怀特的《夏洛的网》，其实故事真的很感人，却不动声色，非常天然，流畅。在朱克曼家的谷仓里，快乐地生活着小猪威尔伯和蜘蛛夏洛，它们建立了最真挚的友情。可是一个不祥消息打破了谷仓的平静：威尔伯马上要成为熏肉火腿。仿佛只能这样了，作为一只猪的命运就是如此，威尔伯悲痛欲绝。可是蜘蛛夏洛却决定拯救自己的朋友。夏洛用自己的丝在猪栏上织出了“王牌猪 ”“了不起”“光彩照人”等文字，让人类大吃一惊，视为奇迹。小猪威尔伯终于在集市的大赛中赢得了特别奖和一个安享天年的未来。但这时候，蜘蛛夏洛的生命却走到了尽头。蜘蛛夏洛去世后，小猪威尔伯非常伤心，终于有一天，谷仓里出现了很多小蜘蛛，原来它们是蜘蛛夏洛的孩子，它们和小猪威尔伯结成了好朋友，美好的感情在延续，生生不息。

好书里的悲悯，救赎，忧伤，诗意，美感，不仅给孩子阅读的快感，给他们心灵以陶冶，对他们的思维带来冲击，同样也给予他们写作视野上的开启。不过请在阅读中细细找寻，慢慢品味书里关于世界多彩的描绘和价值趋向。

## 44. 创造隐形的潜力

在我们身边，对孩子的成长往往处于女性主导着的评价体系，妈妈、女老师的影响往往大于爸爸和男老师的影响。如果交换一下，或者融合一下，教育的价值观、文化传递也许不同。

我们在教育上比较注重实际，有时还不可避免地会陷入庸俗的危机，其实我们急需对儿童的心灵史、精神史、美学史的研究。

我们忽略了别的，但千万不能忽略创造能力，没有了创造能力，其他的学习能力、行动能力，只能让孩子快乐前行，却不能让孩子飞翔起来。我们培养出有创造力的孩子，不但对这个家庭好，对整个中国社会也有益。

孩子的创造能力有时和学习成绩没有太大的联系，或者一下子没有显出来，所以比较容易被忽略，甚至扼杀。作为孩子的爸爸妈妈，肯定是爱自己孩子的，家庭里只有一个孩子，孩子是希望。有时我想希望孩子幸福和成功，可是这个标准的内涵是什么？现在好像家庭教育跟学校教育基本是一个趋势，实际上家庭教育如果很正常的话，就是提供情感支持、提供责任感，培育孩子的创造能力和各种兴趣。提供这些东西是任重道远的。那么学校教育可能比较偏重于一些学业上、集体主义啊等等，如果这两者能够把自己的责任担当好，就不会学校把孩子压得很紧，爸爸妈妈再来压孩子。另外还有一个就是社会教育，如果社会教育完成得不错，有一个大文化大教育的宽松背景，也可以及时纠正家庭教育和学校教育里的偏差，让孩子松弛一些。现在似乎社会教育也跟着这个学校教育走，那么三方面的压力全部压在孩子身上，社会的评判标准就变成，学习成绩好就是好孩子的基本条件，学习不好还有什么用。

实际上就是说，一个孩子的成长有相当长的一个阶段，学习不好，学习不是特别出色，并不意味着孩子的潜能不行。成功的标准，应该是很宽泛的，不然，学习成绩不够拔尖的孩子会有失败的感觉，而学习成绩拔尖的孩子为了更拔尖，也顾不上别的了，一切为了眼前的这些分数。

创造力是一种探索前行的美好情怀，是一种不怕困难的创新念头，是一种从容不迫的聪明才智，也是一种被激发被启迪后的迸发的能量。首先不能简化孩子的体验，认识和实践。只有让孩子善于体验，他做出的结论才不是偏执的。

记得袅袅小学上生物课，老师要求回家做实验，观察鸡小肠里的绒毛，可以看到鸡的消化情况，但是这个实验是不给分数的，也不做检查，结果我带着袅袅去菜场买了一只鸡，取了鸡小肠让她观察，后来还买了猪腰，让她解剖，以便观察输尿管、血管和小动脉，可是后来才知道，别的爸爸妈妈都把这又麻烦又没有分数的事情给取消了。但是袅袅没有吃亏，她对生物的兴趣一直很高，相关的知识过目不忘，而且后来的每一次实验，她都能出色完成。

创造力很神奇，给孩子的成长带来无限的好的可能性，这种能力比技术和分数重要，技术更新得很快，而分数常常代表眼前，而一个人拥有创造力，有发明和探索的习惯，那是特别珍贵的。

我觉得，每个孩子来到世界的时候都有一些创造力的，只是侧重不同，或多或少都有一点，因为他们没有陈规，敢于创造，所以爸爸妈妈不能焦虑。有个孩子说自己很喜欢动物，可是妈妈不许他去动物园，不许他看相关节目，参加活动。他在来信中骂自己的妈妈是变色龙，母老虎。其实他妈妈是会计，因为妈妈把他的时间算得很精确，不让他想动物世界的事情，气得他把“我爱妈妈”的作文撕掉了。



还有一个小学三年级学生写信向我诉苦，说自己的妈妈就是家里的“恶皇后”！因为她妈妈整天逼着她补习。我曾经参加由少年儿童出版社发起的“孩子能不能输在起跑线上”幼儿教育研讨会，数十名家长与作家、幼教专家进行了深入的探讨与交流，专家一致认为：“教育起跑线”无所谓输赢，更不该把标准放在学习成绩上，培养孩子良好的生活和学习习惯以及创造的习惯才更为重要。

因为“起跑线教育”的作用是短期的。教育不应该是“跑”，应该是引导，建立好的习惯，特别是创造的习惯才是更重要的长线教育。

说起“习惯”，记得有一年高考语文卷的作文就命题为《习惯》，想想出这样的题还是讲理的：谁没有习惯呢？许多习惯已成自然了，形成固定的行为方式，熟稔于心，成为人的一部分天性。哪天试试，若要把习惯统统摒弃掉，恐怕举步维艰，心里只剩茫然，不知如何做人了。

有的习惯是美妙的，仿佛亲密的老朋友，知根知底，闭上眼睛都能忆起从何相识，相知。记得我念中学时，来过一个代课老师，个子小小的，梳着辫子，面带羞涩，稚嫩如学子。她推门进教室前总要先把脑袋伸进来张望一番，随后才小心地跨进来，不似其他老资格的老师，手一背，堂而皇之地走进来。不过这老师仍将学生们镇住了：她知识渊博，思路异常敏捷，谁在她身上以貌取人注定是失策的。我们几个女生纷纷向她讨教如何才能如此出类拔萃。她笑而不语，隔了几天，借给我们每人一本书，说答案在书中。我回家看这是本普通的散文，写得也乏味，所以翻看几页就草草收场。过了几天，我把书还给她，她接过去翻弄着，说：“你没有找到答案。”

后来才知，这个小老师颇有心计，她在那书里将其中的两页粘住一点。据说只要精心将这拉开就能获得她用铅笔题在书页之间的赠言。当然，我失却了这礼物。然而它使我从此懂得对世界保持一份凡事不仅知其然，还要想方设法知其所以然的热情。渐渐地，它变成一种习惯，这种严谨、通达的对待人与事的态度使我不断地获得长进。



习惯几乎都是后天养成的，但称得上习惯，那肯定是顽固的，形成已久的，所以也就较难修正。不说大的，仅说一些枝节，比如懒散拖拉，我有个同学，诨名“木太太”，就是如此，每次同学们约在一块聚会，她总是最晚一个到，抵达后还要絮絮叨叨解释半天迟到的来由。后来，大家达成了共识，每次约她时，总是心照不宣地将时间提前半小时，这样，当大家赶过来时，她正好姗姗而至……习惯似乎是以小节的面貌出现的，但仍是与一切美德隐隐相关：一个勤勉、诚信、恪守礼貌的人怎么可能拥有一大串拖泥带水的坏习惯呢？人们在宽容一些人的坏习惯时，已不知不觉地降低了尊敬的成分。

习惯看似皮毛却威力十足，有时还左右人的行为举止甚至思维。良好的习惯助人向上，贵在持久；而不良的习惯也因年代越久而越顽劣，积习难改。不过，所有的坏习惯都能寻到根源，那就是缺乏自制力，人最难的就是管束自己，修理自己，这种软弱，几乎人皆有之。

更有一种有害的习惯，那就是“习以为常”，让固有的一切困囿思维，不思改变与奋进。我曾在郊外的公园里见到过一只鹈鹕，它被一个顽童捉着剪去了羽翼，还在它项脖上缚了一根黄丝带。那鹈鹕展开秃了的翅膀试着飞翔，可总是屡试屡败，那空空的拍击声响了一遍又一遍，叫人听了心里难受。隔了一阵，我又去那公园，这缚着黄丝带的鹈鹕羽翼已长出来了，却不见它拍击翅膀凌空而飞，不知会不会是它经历了过多的尝试，慢慢灰心，习惯了蜷缩在湖畔打发时光？

我在那儿站了好久，可连一遍搏击长空的拍翅声都没听见。它什么时候才会飞翔呢？我至今仍想着当初应该蹚过河去，将它高高抛起，亲眼看着它忽悠悠飞起来。

那么，我们孩子的能够飞翔的心，是否也已被习惯收拢住？还会不会飞得高远？

# 45. 去电视台做嘉宾

主持人：在读者眼中，秦文君是笔触细腻的作家、和蔼可亲的贾里贾梅“妈妈”，生活中，秦文君也是一位母亲，面对女儿的成长，她果真能做到像自己书中描写的妈妈一样智慧幽默、充满爱心吗？今天秦老师女儿也到了我们演播室，我们掌声请出她，好不好？来，欢迎。

戴萦袅：主持人你好！

主持人：你好，请坐。

戴萦袅：大家好！

主持人：我来郑重向大家介绍一下，这是我们秦老师的女儿叫戴萦袅，你觉得在你眼里，妈妈是一个称职的妈妈，还是一个优秀的妈妈？

戴萦袅：我父母很尊重我。

主持人：从小就这样吗？

戴萦袅：对，特别尊重我的兴趣。从小幼儿园老师就发现我还挺有音乐细胞的，父母也觉得就是电台里电视上放什么音乐会啊什么，我都会很专注地听，所以他们最后参考了我的意见，决定让我学钢琴。

秦文君：她刚开始学的时候，我跟钢琴老师说，你每次教她少一点，不要叫她厌烦。

主持人：我觉得你跟一般妈妈还有点不一样，一般妈妈都像在后面用鞭子赶着抽着，说是今天老师教这么多，要还课的，你怎么到现在还不去练习，你回来还不练，上课怎么办啊，都是这样。妈妈背地里跟老师说少教点啊，你当时知道妈妈这样做吗？

戴萦袅：当时不知道。

秦文君：她对钢琴很感兴趣，有的时候她练琴练得太厉害了。

戴萦袅：有一次邻居来提意见说，说你晚上10点钟不能弹琴。

秦文君：有的时候我说，袅袅，我的耳朵吃不消了，你少弹一点，可她还不想停下来。

主持人：考级吗？

戴萦袅：考过，十级。

主持人：那是非常优秀了。

戴萦袅：还有比如说画画，我从小就喜欢画画。

秦文君：我就记得在学校上课的时候，她想画画身边找不到纸了，就在小腿上画了一张图，她的语文书就像有彩色插图一样的，都画着各种各样的人头啊、花卉啊。

戴萦袅：我还在书的扉页上画了幅很大的世界地图。

主持人：真的呀，所有的情感用画画的方式表达吗？

戴萦袅：不一定。

秦文君：但是我觉得这个蛮好，有时候写作业非常累的时候，她说我去休息一会儿，其实就在那里画画，我觉得这种方式也是一种排遣，一种快乐，人能进入一个快乐的境界多好。

戴萦袅：能够有这么一桩一直让你保持愉快心情的事情。

主持人：你画画妈妈发现你有天赋，送你专门去学吗？

戴萦袅：我曾学过一段时间的素描。

主持人：女儿从小喜欢画画，秦文君并没有刻意要求女儿去绘画班学习，反而鼓励女儿涂涂画画、自由发挥，在妈妈的呵护和表扬下，女儿的绘画兴趣日益浓厚。如今，在秦文君的作品中，女儿一幅幅充满童趣的插图和妈妈的文字相得益彰。但是活泼可爱、兴趣广泛的女儿，小时候却并不喜欢读书，秦文君会尝试用什么样的方式去引导孩子爱上阅读呢？

秦文君：她的阅读史就是她心灵成长的一个过程，我引导她阅读，花的工夫也是比较大的。

主持人：你怎么做？

秦文君：比如说她一开始的时候，我会把适合她看的书、可能有兴趣的书找出来，放在她的身边，刚开始的时候，小孩不会主动去看书，我就跟她一起做了一些面具，跟她一起扮演书里的角色。有大灰狼、小白兔等等。

主持人：爸爸演大灰狼吗？

秦文君：我演过外婆、猎人，袅袅演小红帽，我给她找一顶红帽子，让她感觉很逼真，慢慢引导她进入故事，和故事人物合拍起来。

戴萦袅：原来我妈妈还把我打扮成小穆克，她照着世界名著《小穆克》里的插图找来道具，照这个形象给我包装起来，在我头上扎着盘起来的毛巾，然后手里拿一根拐杖。

秦文君：我教给她小穆克的台词、语气、动作，让她进入情境，让她慢慢喜欢和理解。

主持人：这么做的结果可能是女儿不光喜欢阅读，而且还会喜欢演戏啊。

秦文君：后来她的口才、交流啊各方面都比较好。

戴萦袅：这也是一种家庭娱乐吧，而且非常温馨，至于对阅读的影响，肯定是加深了对阅读的兴趣了。

主持人：妈妈会给她一些建议吗？

秦文君：刚开始是找到一些好的书给她推荐，但是到了她小学五年级、六年级，我就没办法管了，因为她酷爱阅读，书架上放得再高的书，她会架一个梯子爬上去拿的，而且把学校图书馆的藏书全读了。现在她基本上是专业的爱书人。

主持人：随着女儿的一天天长大，看着和女儿同龄的孩子在上着各种补习班，可是女儿依然将业余时间用来弹琴、画画，看自已喜欢的各种课外书，作为妈妈的秦文君，还能保持一种平和的心态，对女儿的学习不急不躁吗？

秦文君：那时候我最关心的就是给她做一些好吃的，给她增加营养和活力。她的学习我不管的，那一直由她自已主管，我看她管得很好，就很少过问。

戴萦袅：所以其他同学都在外面补课的时候，我就在那边做我感兴趣的高兴的事情。

主持人：妈妈会着急吗？

秦文君：我提倡上课时效率高一点，学业理解了，平时会预习了，为何要补课？我觉得更重要的是关注孩子的内心，要让孩子的精神世界充实丰富，那是一个人成长的根基，一个人就像一棵树，根基深了才能茂密常青。

主持人：对。很多人说童年就是给人的一生打底色的。

秦文君：孩子在童年时能感受到温情，那长大后也会比较温情、比较善意，这个很重要。另外就是阅读的习惯，因为阅读的人，潜力是不可估量的，不阅读的孩子会缺乏后劲，有的时候不能体验别人的情感。孩子的成长也是一个体验的过程，阅读能升华体验。对孩子而言，一些童年美好的记忆、情怀、性格、情趣、责任心、理性、良好的生活习惯和学习习惯，这些才是铸就一个人最后能不能幸福、能不能成一番事业的关键。

主持人：现在你看电脑、网络、电视、动漫各种各样的花里胡哨的东西，玩的玩具各方面多的是。可能要想培养孩子们阅读的这种习惯恐怕有点难了啊。

秦文君：西方孩子往往一岁半开始阅读了，如果一岁半不开始就晚了，因为孩子慢慢会依赖电视，电视机好像是孩子的保姆，他们很习惯打开就看，又不要动脑筋，但是仅仅看电视不行，要有一个阅读的习惯，至少两者都要有。

戴萦袅：我觉得看电视和阅读这两个习惯是完全不矛盾的，可以相互促进的。比如我就时常在看电视看到一个节目，开始对某一件事情或者某一段历史发生了兴趣，然后我就会去查书，再深入探讨。

主持人：我觉得你以后适合做研究工作。

秦文君：对。

主持人：妈妈为什么觉得对啊？

秦文君：根据她的特点，也许她将来的发展道路是做一个教授或者学者比较好。

主持人：我觉得戴萦袅就是很能潜下心来去研究东西的孩子，特别适合当学者。你有这个目标没有？

戴萦袅：也有。

主持人：妈妈是作家，你那么多才多艺，你想过要像妈妈那样，通过写作的方式表达自己吗？

戴萦袅：当然有啊。我从小就喜欢写作，也从小就在报纸上发表了挺多文章。

主持人：妈妈会帮你改吗？

戴萦袅：小时候我写作文，如果遇到问题，会来找我妈妈商量。但是进中学后基本上就是我自己写的。

秦文君：小时候她有时还会来问，妈妈，这个作文写不下去了，请教一下。我会跟她说，如果我写的话就这么写，但是我后来一看，她全部不照我的方法写，意思是照你的显得我多没创意啊，她用自己的方法写。到了中学以后，我们有时候会讨论得很深。我觉得孩子刚开始写作的时候，千万不要让她去看作文书，各种各样的作文选实际上是一种套路。我多次说写作过程就像是做蛋糕，蛋糕里面需要面粉、水、牛奶等等这些东西，这些东西就是阅读的准备、思考能力、语言能力、整个逻辑能力等等，这些能力是这些做蛋糕的材料。那么作文书好比什么？是切蛋糕的方法，你蛋糕到底是切成方的还是切成圆的还是三角形的，那么你如果蛋糕都不会做，你要这个方法干吗呢。你肯定先要去做蛋糕，那还是要提高能力，这些能力有了以后呢，那然后就一步一步写起来。

戴萦袅：我也想补充一下。

主持人：好。

戴萦袅：我小时候写作文的时候，总觉得我有很多事情可以写，然后同学都说，他们写不出东西来，甚至还有同学跑来说，你能不能卖给我一两个故事？

主持人：真的啊？

戴萦袅：我觉得其实大家都有很多有趣的经历，只是应该做一个生活中的有心人吧。有很多小事其实细细回想起来，还是很值得回味的，非常有趣。我觉得不要事情过了就过掉了，而是要学会从自己的生活中提炼出东西来。

主持人：我发现家长如果用这样平和的心态去对待孩子的话，孩子带来的回报远远超出你的想象。

秦文君：我想是的。

主持人：我觉得你的女儿就是这样的。如今，正在上海复旦大学上学的女儿也继承了妈妈的文学才情。4岁时即发表口头文学并在《小青蛙报》上发表。如今，她的处女作《被磕疼的心》已经成功出版发行，并且获得冰心儿童文学奖。这小说是在高考前写的吗？

戴萦袅：高考前开始写，然后高考以后，利用那个暑假改动了一下。

秦文君：高考这个难关太难过了，有的时候她写小说，当成是一种精神体操，很舒服。所以我也不管她，高考前夜，她还在偷偷地写小说。

主持人：你一般是在什么时候写？

戴萦袅：白天要上课，就是平时有空了就写，都把那个稿子带在身边，放在书包里的。

秦文君：有的家长可能就受不了了，你要高考了，竟敢还分心搞这个东西。

戴萦袅：但是我觉得没影响。

主持人：真的没影响。你的那种文笔会有意模仿别人吗？

戴萦袅：不会刻意模仿，因为读得很多，而且我比较喜欢平时拿个本子，看到生动的描写或者非常优美的语句或者说我很喜欢的句子，我都会记下来。

秦文君：因为只有找到自己的兴趣以后，她才能焕发出你不可想象的这些动力，所以很多人都在说兴趣是最好的老师，孩子找到了这个兴趣，就比较容易成功。

戴萦袅：其实每个人的人生观是不一样的，对成功的定义也是不一样的，比如就我来说吧，我听到很多同学都说他们家长对他们人生的策划，就是先进名牌小学，然后进名牌中学进名牌大学，找好工作，然后再建立一个美满的家庭，赚很多钱或者再出名什么的。但是我觉得我从来没有想过要过这样的生活。

主持人：你希望过什么样的生活？

戴萦袅：就是我觉得出名啊包括名利啊什么，这个其实说得玄一点，都是身外之物，我觉得最主要还是自己要活得快乐，自己能够做自己爱做的事情。

主持人：你有没有觉得你有这样一个妈妈是一件挺幸福的事，是特别好的一件事？

戴萦袅：我觉得我能够生活在这个家庭里还是很幸运的，包括我的同学他们也很羡慕我，因为我暑假一到或者寒假一到，我父母就带我旅行去了。

主持人：你们会一起旅行啊？

戴萦袅：对。

主持人：都到过哪些地方？

戴萦袅：去过欧洲很多国家，还有亚洲的日本、韩国、泰国、越南，然后还包括美国。

秦文君：有的时候在国内旅行，比如说她自己会跟同学一起到北京，住个便宜的旅馆，坐地铁去玩不同的她向往的这些文化古迹。

主持人：她自己去对吧？

戴萦袅：刚刚从北京回来。

秦文君：然后到各个不同的大学校园去感受一下，其实她能够扩大自己的行动的范围，有一个空间。做一个有生活情趣的人多好啊。

主持人：你们俩平时在一起交流的时候，就是那种像朋友一样的呢，还是什么样的一种关系？

戴萦袅：应该还是像朋友一样很平等的。

主持人：你们一般会讨论一些什么话题啊？就是共同感兴趣的话题会聊些什么？

戴萦袅：比如说谈最近读过的书，还有谈看过的电影。

主持人：你们会有辩驳的时候吗？会有意见相左的时候吗？

戴萦袅：当然也会有。比如说我妈妈可能会觉得有一本书特别好，但我不以为然或者说反之。

主持人：你会对妈妈的书不以为然吗？

戴萦袅：这个倒还没有。

主持人：我知道有一些孩子，有一个会写书的母亲毕竟还是很骄傲的一件事情，你觉得是骄傲的事吗？比如今天你来，你是更愿意说你自己还是更愿意说是秦文君的女儿？

戴萦袅：那当然是希望别人记着我自己了，当然我也非常高兴大家知道我有这么样一个母亲。

主持人：对，在你的眼里妈妈是一个什么样的女性？

戴萦袅：首先我觉得我妈妈非常爱我，然后对我也非常地关心。作为母亲的话，我觉得她肯定是一位好母亲，作为作家的话，我妈妈应该还是非常文才敏捷的一位作家吧，她本人也非常地努力，我觉得我妈妈是一位非常好的儿童文学作家。

主持人：这样说来妈妈在你心里很完美啊？

戴萦袅：应该是比较完美的。

主持人：那在妈妈的眼里，女儿呢？

秦文君：女儿就是我最得意的作品。因为我是写儿童文学的，有个女儿，在看她长大的这个过程我又把童年重温一下，我觉得有女儿非常温暖。

主持人：当自己的妈妈说自己是她最好的作品，而且她是一个非常优秀的作家的时候，你会想什么？

戴萦袅：首先听到觉得好感动，觉得我在妈妈心中的地位那么高。

主持人：你以前从来不知道吗？

戴萦袅：但是她好像不大在公共场合这样夸我。

主持人：还没这么夸过是吧。很受用啊，还有呢？

戴萦袅：我仔细地反思一下，觉得这句话好像也有一点问题。

主持人：为什么有问题？

戴萦袅：就是虽说妈妈对我的成长非常关心，但我不认为我自己完全就是她的作品。

秦文君：对对对。

主持人：作为母亲，她和女儿共同营造了一个轻松的成长环境。作为作家，她给了小读者一份快乐的读书体验。她是一个用心用行动呵护孩子、用智慧关爱、促进儿童文学事业的女性。有人曾这样评价秦文君：将新时期以来我国儿童文学创作推到了一个新的高度。

近年来，《开心女孩》、《男生贾里》等作品出版了日文版、英文版、中文繁体字版、德文版发行海外，并畅销新加坡、马来西亚等地。身为上海市作协副主席的秦文君，任上海少儿出版社编辑20年了，她一直没有脱离编辑工作。白天处理读者的来信来电，与编辑沟通，只有到了晚上9点以后，秦文君才可以静下来开始写作，一直写到半夜两三点钟，她的睡眠常常不超过4小时。多年来，秦文君已然习惯了，白天工作读书，深夜再从现实的生活里飞翔出来，沉浸在灵性的创作世界里。

主持人：27年不知疲倦地在写儿童文学啊？

秦文君：一个最真实的想法就觉得还能写出更好的东西，所以一直是追梦的人，在追这么一个更美好的光芒，好像追到了才最完美。还有一个让我写下去的原因就是孩子们的反馈，有一次我写过一篇文章，说我已经写了40

多本书了，写到50本书我就不愿意再写了，马上就有孩子来信说你要继续写下去，你不能停。

主持人：你觉得那些小读者给你的是那种特别沉甸甸的一份信任。

秦文君：不能辜负这些小读者们啊。

主持人：你会期待你最完美的作品在什么时候出现吗？

秦文君：我想在60岁之前吧。

## 46. 青春期的事情

臬臬进入中学的时候，班里有个图书角，里面有一本杂志写了一个少女未婚先孕，大家争先去看，孩子们早熟，很早就有耳闻，所以去看的时候也不避人耳目，大家指指点点。其中有一个男生，几天内一连看了三遍，结果有人在那篇文章前加了一行“眉批”：“某某同学到此三游永远不忘。”

现在的孩子青春萌动期提前，在男孩长胡子、变声音，女孩的胸前曲线有变化的时候，就已经到了青春那多事的年龄。孩子到了青春期，对异性有了不同的敏感，这是很自然的，有些女孩给我来信，她喜欢跟一个男同学说说话，心里有一份露珠似的情感。爸爸妈妈就开始如临大敌，好像这世界除了爸爸，其他的男性都不能接触，都有色狼的嫌疑。有的爸爸妈妈甚至去揭孩子的隐私，怀疑孩子。

当然，爸爸妈妈是出于对孩子的关心，生怕孩子受骗，生怕孩子分心，可是现在的孩子谁也不会生活在真空里，有时生硬地阻挡会引起孩子的叛逆，把事情推向愿望的反面。



青春教育不能缺席，现在学校里增加了青春期的生理教育，但没有教他们对情感以及疏导情感的知识和技巧。

每一个过来人都知道，孩子对异性有“好感”是很普遍的事情，我记得马克·吐温在《汤姆·索亚历险记》里涉及到了男孩与女孩的关系，汤姆·索亚当时还是一个小学生，首次见到女孩子贝基，非常仰慕，这女孩是一个天使般的人物——“蓝眼睛，长长的黄头发，雪白的夏服，绣花的宽松裤……”展现出如此完美的一个女孩形象，男孩动心也就不奇怪了。而马克·吐温在描写汤姆·索亚被贝基所吸引的过程时，不是以一种感性来抒写的，而是完全以男性化的直露方式来抒写的：因为彼此都陌生，汤姆·索亚自然想先“露一手”，于是开始用古怪的表演和惊险的体操运动来吸引贝基的目光。后来，汤姆因在教室里面调皮捣蛋而被老师惩罚——罚他和女生（恰好是贝基）做同桌，这时两个男孩女孩的“关系”似乎就有了发展，于是他就送了一个桃子给贝基。渐渐地两个人越来越熟悉了，汤姆就开始模仿成年男子的做法问贝基：“我们两个能不能订婚？”（当然是两个小孩间的口头承诺）可是订了婚意味着什么呢？汤姆这样来解释：“开舞会的时候，必须是我们两个一起跳舞。”他虽然表现出的是一种顽童的本色，但也依然呈现出逐步有谋略地为虏获异性芳心的这么一种男性意识。

马克·吐温还在书中调侃地写道：几个月以前，汤姆喜欢过一个叫“艾梅·劳伦斯”的小女孩，彼此有了爱的承诺，可是7天之后，汤姆就把她给遗忘了。马克·吐温对此的记叙充满了男性化的通透：“只过了7天，艾梅·劳伦斯就从他心里走出去了，就像陌生人偶然来访问，然后又出去了。”这视角表现了男性对感情的一种放射性。

青春期的孩子总跟我们想象的不一样，有时候比我们想的要幼稚单纯，可是有的时候却是复杂的，甚至是“狡猾”的。都说现在是成人儿童化，儿童成人化了。我遇到过一个小朋友被老师截获了他写给女孩的情书，甚至他的情书是“无字”的，他在情书上画个鸡心，表示“我对你有意思”，他画上月亮和星星，代表盼星星盼月亮想和你在一起。

我担任过很多次孩子们作文大赛的总评委，中学生的文章里幻想处处有，有的喜欢写外星球大战，更多的是幻想爱情的，往往结局都是悲剧和碎片，好像现世得不到的爱情，才是凄美的，才深刻。他们在文章里折腾，在生活里倒有一片真心。他们喜欢心理测试，关心自己的生理变化，幻想有一天来了一条小狗，嘴里衔了钻戒，正是自己心仪的人来表露心迹的。他们渴望摆脱幼稚，为了证实自己很成熟，有时候在所不惜。

孩子的心理现实，生活经验还没有准备好，仓促地去恋爱很容易受伤。所以对孩子管头管脚不必要，但学会倾听，多多沟通却永远正确。那时候袅袅问过我，如果现在有了喜欢的人为何不能说出来？我说，因为还没有想好，说出来会造成影响，破坏了美感，青春的许多美丽是看不见的，因为它被心灵所珍藏。很多女孩心里都有个模糊的白马王子，这并不是什么过错，我们在袅袅进入中学后，就多次和她讨论男孩与女孩的不同，男孩典型的类别，将来的择偶标准，她也喜欢谈，那男孩要怎样的，可是后来她描绘的白马王子的身高、学识、为人，都有爸爸的影子，当然是显著的优点部分。不用说袅袅，就是我和袅袅爸爸若是看到可爱稳重的男孩，也会说，这个人将来可以考虑做女婿候选人。

有一次我去外埠开会，照例放下行李就去秘书处索讨会议日程。做一个惜时如金的人有时太麻烦，因为总想弄明白自己在下一分钟做什么。当时，一个中年女秘书正忙着，随手给了我一份资料，我一看不觉哑然失笑，因为那显然是一份“情报”，上面写着：周一那男生来电话三次；周二11点小芸睡后我在她书包里翻到男生送的生日卡；周三找了班主任，班主任给他们调换开座位，不允许前后桌坐；周四……难怪她工作时手忙脚乱，神情恍惚，原来是兼做了家庭“克格勃”。当然，我并不了解小芸，可心里却为她叫屈：无非是通几次电话，收了生日卡，那是温情的女孩生活的一部分啊！少年时代，是人一生中情感最丰沛、梦想最浪漫的时候，遭此粗鲁的对待，温情的花蕊准会飘零散落。

女孩长到花季，亭亭玉立，单纯无邪，此时既是最美丽的也是最令人担忧的。大人怕女孩太轻信，怕女孩被诱骗，怕女孩分心，怕女孩交上坏朋友。女孩本身也时常遇到些尴尬的事：路遇马路求爱者；或是遇上些眼神不洁笑容猥琐的无赖；加上老师的叮咛，家长的“虎视眈眈”；那种戒备森严的状况容易带给女孩一种紧张情绪，以及对男生的不信任感。

有位学生叫小洁，她就是那种拒男生于千里外的女生。她的前排有个男生张民，是个老实厚道的男生，无论她耍什么脾气他都宽厚地一笑，叔叔似的。有一年圣诞，张民送她一个泥娃娃，她吓了一跳，当场就还给他。张民的脸刹那间涨成紫酱红。

时过境迁，小洁总也忘不掉张民当时的张口结舌。后来大家毕业了，各奔东西，小洁有次去一家公司应聘，没料到主考的经理是张民，他还是那么热情厚道，鼎力相助，像是早已忘记了那次的伤害。倒是小洁，时常觉得小小的遗憾，因为当时她也喜欢张民，她不知自己当时为何不对他温和一点……

人往往就是这样，得到过的和付出过的好感都难以忘却。对女孩表示过好感的男生，女孩当时可能不屑一顾，暗自将他嘲笑一通。渐渐地，当女孩把别人的影子都在记忆中擦去时，而有关他的那份记忆却淡淡地留存着，那是一份温情，一种善，一种值得珍藏的东西，是宝贝。

不必用粗暴、激烈的态度去伤害那些男生，当然也不是去怂恿他们，去推波助澜，而是适度温情：尊重他们，亲切大方。因为男女生之间的最佳交往方式就是友好、亲密、合作愉快，但不出格，适度温情。这是对双方都好的聪明愉快的相处之道，重点的词语是：适度。

有一年去香港，听一位港人谈教女经验，她说若不放手让女儿与男生交往，女儿不了解男生，将来怎么选择自己的意中人呢？她的话有正确之处，当然，放手与男生交往并不只为了择婿，那样太小家子气，而是积极地去了解世界上的另一半人，并学会与他们相处。同时，所有成功的女性，她的身后不仅会有许多优秀的女性支持者，更会有许多优秀的男性支持者在支撑着她。

当然，我说的“适度温情”，只限于好男生的范围，若是遇上无赖或心术不正者，另当别论，切切不可适度温情。

# 47. 高考和未来

袅袅升入高中后，我就跟她说，有一种观点，只有上大学、而且上名牌大学才是成功的，我是不认同的，但是这个意识在学校在家庭和社会总是很有市场。当然，我也承认如果袅袅能顺利进名牌大学，未来的成功会容易一些。我希望她不要焦虑，只要尽力去做就好，即使失败了，只是多些周折，一定也能“柳暗花明”的。

对孩子的成绩不能卡得太死。有个孩子告诉我，她想出门看表姐，好好玩几天，妈妈说，如果你期末考到班级的前五名，我就让你去。后来孩子果然考到了，但是妈妈还是不让去，说好不容易到了第五名，这么一松，成绩掉下来怎么办。孩子很气愤，在妈妈不注意的时候给表姐写信，消磨了一整天作为对妈妈的抗议，还哭了。

我在《一个女孩的心灵史》中描写按考试成绩排队划等级时，主人公莘莘受到种种暗示，体会到那种“像冰一般寒气森森的感受”，是希望能给爸爸妈妈一些提醒。常有孩子给我写信说，生活中像我的作品中描写的善解人意的爸爸妈妈太少了。一些爸爸妈妈只看重“分数”和那些浅表的东西，用分数衡量一切，这是非常要不得的，他们忽略了孩子成长中一件至关重要的事，这就是“鼓励”，孩子是多么需要鼓励！他们最怕被成人看死了，失却自信而一蹶不振，丧失了对学习对生活的兴趣。还有不得当的处罚，最容易让孩子万念俱灰。对孩子的管教应该是启迪性的，不是无理的或无端的，而是智慧的，顺就人心的，最高明的教育应该启发人内在的良知。

孩子个个都存有值得赞扬的长处，成绩永远不是判断好坏高低的唯一的标准。某国际机构在全球400名杰出人物的调查中发现，这些人从小自信、爱学习，但60%的人成绩不理想。

爸爸妈妈应该去体会孩子的生存状态，去认识孩子的珍贵。孩子的心灵里缺乏周全和周密，却是发自真实的心灵，有一种令人仰视的、单薄的美丽，成人应该去尽力成全、保护它。因为如果可以选择，谁都不会让自己的孩子成为一个学的功课样样精，却不会思考、不会生活的人，而想要一个健康、心灵充满阳光、诚实活泼的孩子。

我感到要从应试的圈子里转出来，还需要绕很大的弯子，需要教育界、社会，还有爸爸妈妈们一起努力。我倒是担心有些学生只知道成绩，学到毕业都不能真正懂得爱和回报社会。忽视了教育的这些根本目的，忽视了用适当的方式开启他们心灵深处的东西，却外加了那么多课业的累赘和消极的价值取向，让孩子怎么好好成长，成为社会栋梁？

没完没了的重复的练习压抑囚禁着孩子们，让他们深陷其中，无法用自由的心做自由呼吸。所以我在《一个女孩的心灵史》中曾让莘莘的妈妈和孩子一起“沦落”，帮孩子对于无谓的重复的作业做一个消极的学生，做那些练习时尽可能迅速，抄写生字的前三遍字迹需认真端庄，其余的可连笔、潦草，只为腾出一些时间“自我解救”，用节省下来的时间，带孩子去远眺晚霞，去坐着想想未来，或者跑出去尽情地兜一个圈子，感受大自然的气息……

高三的那一年，情形比想象的还要严峻很多倍。特别是高考前面几个月，家长会一个接着一个，每次袅袅回家都带着厚厚的作业，不做完老师会咆哮，发威的，因为升学率和高考分数的利刃也悬在老师头上。

我先是成了袅袅的生活秘书，那段时间，孩子的压力大，消耗也大，很能吃的，我给她制定科学营养的可口菜谱，注意保证每天进食坚果、水果、点心、蔬菜，少吃方便面、甜食和太油腻的东西，每周我还给她炖红枣黄芪汤什么的。

还有，我发现袅袅很累，有时很贪睡，蜷着身子睡，趴着睡，有时要两个闹钟才能把她叫醒。有一次我以为她昏死了，因为推着她都不醒。我开始不让她熬夜，哪怕作业来不及，也得先休息，好的作息时间，比天还大的。

高考临近，气氛紧张起来，这时候学不好孩子会有厌学的念头，学习好的也会厌学的。袅袅也曾流露出学习动力不大，没有劲头，对高考没有好感，觉得委屈，找不到乐趣等等，那是长期处于学习的压力中，那压力来自社会、学校、自我意识等方面。我和臬臬爸爸和她谈心，还是希望她把高考作为人生的重要途径，但不是唯一的。

我觉得孩子的不良情绪是难免的，但是要克服和转变，我说你可以把烦心的事情写下来，说出来，哭出来，包括愤怒、失落、孤独，臬臬听我们这么说，也没有表现什么，但是她开始对我们诉苦，我们的理解使她很释然。臬臬的同学对她说，你怎么什么都敢对父母讲，话里并没有责怪的意思，只是惊讶。

看来臬臬有自己的伤心，但是心没碎，她制订可行的做得到的计划和长期的规划，把学习安排得井井有条。注重周边环境的建设。做完功课后，她也打电话跟同学聊天，听音乐，写作，做些手工，找些校园幽默来读，淡化比较，让生活充实积极。臬臬还去游泳。我也时常给她买些新的衣物，因为想给臬臬这样的信念，即使是在那非常时期，我们创造的生活还是美好的，丰富的，不一定是不断重复、缺少变化和压抑的。

有时候臬臬也适当干一些家务活，记得最早的开始，她洗几个碗要洗10分钟。独自做饭就会打破东西，而这时候，家务成了避风港，可以暂时让大脑休息，也有回报爸爸妈妈的意思。臬臬还去当志愿者，做些力所能及的慈善活，比如到小学去教英语等等。

孩子高考期间，爸爸妈妈和孩子都要有坚强的神经，有弹性的胸怀。我见过的有些家庭是能让孩子保持好的情绪和心态，而有的家庭，爸爸妈妈染上了对竞争的集体焦虑。孩子逆反，不喜欢父母唠叨，上网去聊天，不想读书，爸爸妈妈和孩子心里有话，也有好意，可就是不知道好好地表达。有时候孩子压力大情绪低，是在于爸爸妈妈有不适当的期望值。

高考阶段，孩子会遇到各种问题，爸爸妈妈不但要有点子，还要了解特定时期孩子的内心。不然有了问题孩子不找爸爸妈妈，情愿轻信网络，那会有一些后遗症的。

高考给孩子的人生很多积累，以后的生活又开始了层层递进，不断升级，我很庆幸，臬臬经受住了高考的考验。高考之后，她还保留着要不断证实自己价值的劲头，想着创造新的未来，这是最让我高兴的。

# 48. “好极了”与“笨死了”

我属马，臮臮爸爸属龙，臮臮也属龙，这一家，两条龙，一匹马，龙和马应该组成“龙马精神”，可是我们之间很多地方很不同，臮臮的爸爸是个经济学家，他的工作我始终没弄明白过，好像是用数学方式研究货币银行，记忆中他总是很忙，飞往各地演讲，出书，谈项目，我们戏称他是“空中先生”。好在他很顾家，人也厚道，不过在我们家，作家和经济学家的生活一直保持着某些独立的成分，这对外人说来也许很奇怪的，结婚已二十多年了，细软钱财早已彼此不分，而对于书，却永远是“你的书”“我的书”分得清清爽爽，水火不容，他买的书都得放在他的书橱里，一本不能少。我的书当然也如此。我们的家本来就参照着阅览室的格局来设计的，偏偏书还得按类别归属陈列，这就更像了一点。我俩合用着书房，故意搭出一个错层，分出是非高低，让双方的书隔开些，免得放在一起搏斗。他在底层，多是经济类书籍，那一层干脆取名为“经济基础”，我在高处的一层，文学和哲学书多些，故取名为“上层建筑”。

我们相识至今好像从来没有吵过架，彼此都管好自己的事情就行了，相互信任着的，不猜疑，也不给对方看脸色，因为不想伤对方的心。只是在对于教育女儿的理念上，我们之间是相当不同的。今年女儿20岁了，我们家的两大教派就“文斗”了20年，双方都试图以自己的方式影响女儿，有时候“上层建筑”初显成效，有时候“经济基础”占了上风。

自女儿出生至今，我从未想过要培养她成为什么“家”，特别没有指望过她成为一个文学写作者，我觉得人生的路通天大，选择做什么有价值的事都行。我只想和女儿做永远的好朋友，让她身心愉快，保持天然的爱和创造力，明白世界和生活的基本规律，也懂得优雅和艺术，我不愿意选择过于功利的教育途径。

枭枭爸爸也是爱女如命，但他的父爱不怎么对头，好像掺了些别的。他早早为女儿设计好一切：学游泳、舞蹈、数学，18岁进名牌大学，学理科，一口气读到博士……有一次我见他拿着一张剪报，读得津津有味，原来剪报上是天才儿童的八大特征。很理性的他用它来衡量女儿时好像就无法客观了，觉得那特征就是对照着女儿的特点说的，总之他想要一个天才女儿，并靠过去把她往那儿想。

做学问的枭枭爸爸相形过于严厉了吧，很早就开始了精英教育，教她拿筷子该怎么拿，笔记该怎么记，牙怎么刷，都有规矩，我不喜欢太划一了，怎么把孩子培养成机器人呢。就鼓励女儿找到自己喜欢的方式，怎么顺手实用都可以。所以他没办法了，常常说我早晚会把女儿宠坏的。

女儿小时候特别依恋我，像个小尾巴似的跟在我身后，与父亲倒是不太亲善的，不太理睬他，或许是因为我能编许多使她入迷的故事。

而枭枭爸爸不甘心女儿这样“自由发展”，他有些小小的霸道，他认为家里有一个搞艺术的就足矣，说是假如母女二人都当作家，那就会鸡犬不宁。说是要是两个人都来了灵感，埋头创作，通宵达旦，谁来理会他呢？其实还是考虑女儿将来的职场和专业发展。他不止一次地对女儿说：“你还是学医的好，将来我们患了病都归你尽心来治，那有多好！学生物也行，学有关生命的专业前景不可估量。”

不知是父命难违，还是这小姑娘的天性使然，她开始对生物知识过目不忘：动物、植物、器官、胚胎，一旦谈及便滔滔不绝。生物课的考分总是奇高，实验报告更是写得格外出彩。配合生物课程，她还喜欢在家里举一把刀，勾着头悉心解剖猪肚、鸡肠什么的，或是制作蝴蝶标本，写上编号，拍照归档。那副孜孜不倦、神迷心醉的模样，真让我相信，眼前这小丫头是块当医生的料。

可是女儿的心性是无法预计的，升中学时老戴把女儿送到外语附中去报考，就因为那里的英语和数学教学比较好，女儿的入学考从上午8点考到下午1点，出来时她饿得晃动着，都站不住了，我心疼得不行，眼泪都出来了，他倒没什么。等到女儿的成绩出来，知道她考得很好，我倒没什么，枭枭爸爸却激动得要哭了。

我盼望女儿能把生活安排得有声有色，她酷爱文学、生物，但是却在念大学时选择了经济类的专业，我不知这是不是她从心底里相信父亲的观点，还是不忍伤父亲的心，的确爱上了学经济或是心里模糊着，不过，我尊重她的选择。

上个月，女儿主动提出到银行去实习，她对信用卡的运行发生了强烈的兴趣。臬臬爸爸相当兴奋，他对女儿的情感真是又多又热烈，也许他心里永远都留着那个天才女儿的理想。我知道女儿学的虽然是理科，可是她在文科图书馆里流连忘返，花费的时间似乎比哪里都多。我在想，女儿还有更美的梦想，这能使她揣着温热的内心，去追寻不平庸的人生。

有一点，我和臬臬爸爸跟天下的父母一样，对孩子我们不精明，从不在意回报，不在意吃苦和麻烦，就因为她是我们的孩子，也是我们的光明和希望。臬臬有许多路可走，可以成为医生，也可以在一所学校教书，或者，当个自由职业者，有她所爱的家。无论她选择哪条路，只要成为个心灵宁静优雅善良的人，她的母亲都会对她说：亲爱的，我为你骄傲。

臬臬对于自己父母的人品和专业上的成绩是很骄傲的，但也有烦恼，很多事情明明是她自己去争取的，可是有同学误以为是她的爸妈去打招呼了。

记得小时候做学问的臬臬爸爸相形严厉了许多，所以臬臬有点避开他，现在好像父女的关系大为改善，臬臬爸爸对家里的花花草草也好，出差去了外地就心急火燎打电话回来，先问："家里没什么事吧？"然后就找臬臬布置一、二、三条操作规则，都是关于他的那些植物，花卉什么的护养。父亲的话，不是天，也会是地，臬臬放下电话会老老实实地使唤水壶、铲子，照他说的办。这一类事他不和我说，怕我答应着并不照办，所以干脆绕过我。也是的，答应过别人的事我都记着呢，有时事多还一笔一笔记在纸上，就怕辜负了。而对他关照的事，的确敷衍过数次，被他追问时，支支吾吾答不上来，便推说这是他的福，说明没把他当外人。

节假日全家出门，臬臬爸爸一般不指引方向，很民主地问你们说去哪里好。我和臬臬想去哪里，他就跟着去哪里，给足了我们面子。不过，我们很少和他一同去逛街，除非去书店，那是全家人都中意的地方，三个人进了书店就不管对方了，分头去找喜欢的书，往往散得很开，连单线联系都断了。书店大的话，非要用手机联络，否则就得一圈一圈找，到最挤的地方把人拉出来。最后在收银的地方会合时差不多每个人都是手拿肩扛。

买别的，臬臬爸爸就不行了，也许有的人就有个天生的“不会买东西的灵魂”。记得他有一次兴冲冲买回一条多孔被，一松开，直挺挺的，想要再把它捆上就不容易了，结果两个人把双膝双肘都用上，才迫使它就范。这被子盖在身上，当然就不行了，至于送到附近的小学去做运动垫子，还不知行不行。

他每次购物都是因为绕不过那些营业员殷切的眼神。他们说这是新品这是特别的酬宾活动他就信了，不知怎的，他就是不怀疑。为此他买过不断掉毛的羊毛衫，买过洗一次袜跟就歪得没样子的线袜。有一次他为了表示心意，从外地买来一束蓝玫瑰，乘着飞机带回来，他说“卖花姑娘”称那花儿叫蓝色妖姬。我觉着蹊跷，夜里没敢细看，第二天才发现养花的水都变蓝了，原来那花儿的花色是用蓝墨水染成的。

有几次臬臬培训爸爸的审美——拿出两个东西问：哪个好？臬臬爸爸点对了，臬臬就说：“好极了。”答错了，只能得到一个“笨死了”。

他买回的那些东西，留着，会是个小小的笑柄；扔掉，又怕他会觉得丢面子，这可是怎么都不好。有时翻找东西时看见它们碍手碍脚，有心拾掇掉。想到底是先斩后奏，还是先奏再斩。后来发现一旦它们消失在视线里，他也就忘光了。这事便好办了，有几次我就厉害多了，干脆斩了也不奏，蒙混过关。

我和臬臬爸爸委婉地说笑，要求他再买礼物时，不要去细挑，也不要听店员推荐，随意取一样就好，这样还有概率得到商店里的好东西。他听后，大笑，不计较，但一切照旧。

看来夫妇之间也有如此多的不同，孩子与父母当然也是无法完全合拍的，只要有爱，有心灵共鸣的地方，存些异也未尝不可，因为谁也不是别人的影子。我想只要龙能有属于他的快乐，也是绝佳的呢。龙喜欢，马也喜欢，喜欢就好，喜欢就好。

## 49. 20岁方知母亲之重



枭枭20岁的时候，有了大变化，不会为小事发脾气，动怒了，遇到不顺心的人和事情也知道客观地看待。特别是对父母，变得温顺体贴了，看到爸爸忙，有时头发都乱了，就买了带皮套的梳子送他，有一次我在出差途中感到不舒服，她不断来短信叮咛："你这几天别弄得太累，回来后去医院看看吧。""今天好些了吗？要注意休息啊。"我还很难忘她陪我去医院看病，一个人跑前跑后地忙碌和操劳。

我很感慨，只有到了一定的年龄，感觉到爸妈衰老了，自己强大了，人才会真正体悯爸妈。这样的体会，也许一代一代都是如此的规律。

身处花季时，我是个向往自由的人，喜欢过无拘无束的生活，喜欢一个人久久地看天空，喜欢假日里骑着旧自行车闯一条陌生的线路……但最爱的是泡在女伴家里聊天，从傍晚到天黑。

而把这一切称之为"散漫"，决计改变我的是我的母亲，母亲有点守旧，太讲规矩，与天下的母亲一样，她是个很实际的人。

母亲总在我凝神遐想时差我做家务事，常常在我打算冒险时警告我几句，最难堪的是我在女伴家谈兴正浓时，她会站在楼下喊我的名字，催我回家。有几次我想蒙混过关，躲在女伴家不应声，她会仰着头执拗地叫下去，仿佛那炯炯目光能穿透厚厚的砖墙，写抗议信，在日记里写过独立宣言，甚至，还向女伴哭诉过内心那种苦恼。

女伴静静地听着，突然问："你妈妈是否为你挑食生气，再三要你吃不爱吃的菜？"

"是啊！"我说，"她爱管头管脚。"

"就是呀！"我说，"她过于严厉了。"

女伴顿了顿，说："你遇到不喜欢的人就把头扭过去，而你妈却让你学会克制自己。还有，她要求你字要写得好；要按时入睡；要走路时不驼背；待亲戚要热情……"

"你全知道了？"我说，"我整天就听她唠叨这些！"

女伴一时间低头无语。

中学毕业前夕，我和母亲又为了一些小事争执起来。那种母女摩擦是当时最真实的生活。我跑到女伴家告诉她，自己心灰意懒，现在只要有地方肯收留我，我拔腿就走。

女伴惊讶地看着我，说她母亲以前也是个严母，她从12岁起就开始跟母亲顶嘴，母女之争从未结束过，直到有一年，她的母亲患了绝症。

她母亲患的是一种奇怪的浮肿病，像有人在其身体里吹气，浑身都肿胀开来，最后，她的头肿得像个灯笼，眼睛都睁不开了。在临终前，她拉着女儿的手哭了，说她之所以这么严格地管教孩子，是为了让孩子优秀起来，长大后远离别人的指责。

女伴流着泪说，如果有机会重当一次女儿的话，她会选择另一种方式，即使是叛逆，也是温和的、理智的。因为母亲永远是一生中血脉相承的、最亲近的人，她为自己的过分而心痛。

从此，我再没抱怨有个爱管教我的母亲，遇上母女分歧时，也不再母亲说往南我偏向北，而是潇洒地想：这不过是暂时的，比起母女之爱，它实在微不足道。



直到我真正长大后，母亲才宽容起来。现在，只要听到亲友们说我的好话，她总是骄傲地说：我女儿从小就很优秀，仿佛我天生就有惜时如金的好习惯；天生就做事认真，待人和蔼，写字一笔一画……

母亲那不容置疑的语气让我相信，天下母亲那不朽的苦心。可要真正接受这一点，非要历遍成长的过程：包括失去与获得，包括叛逆时的痛楚感觉……



## 50. 走向大教育

我喜欢和袅袅在月光下谈心，我们在郊外，在飞机上，在有谈话氛围的地方都会有交流。从谈话中我们能知道对方的社会认知能力，表达能力，情感折射能力，自我完善能力，说真的，我最关心的是孩子的志趣。

袅袅的理想是，做个学贯中西的人。她爱的东西很多，除了绘画、音乐、考古，好像还对中国历史很感兴趣，连古人的生活发型：抓髻、团头、辫子，如意头变成一字头什么的也要研究一番。还有古代菜谱她也要收集，说《红楼梦》里菜谱太夸张了。袅袅爸爸有时候要嘀咕几句主业、副业，而我不作牵强的定论，只要她热爱，乐于创造，有荣誉感和健康的自尊，我是喜欢的。

作为一个妈妈，我还很关心的是袅袅的交际圈。她和小学同学们分散了好久，那些同学都认不出她了，她已坐在那里了，同学还说：我们要给袅袅留一个位置。有个同学说袅袅20岁之前走可爱路线，20岁之后走成熟路线了。我想可能是的，我忽然发现袅袅还很有领导才能，担任社团负责人了。跟人相处很重要，首先要学会处理愤怒的情绪，完善自己，自己的能力强一点，自信好一点，就不那么计较了。



坦率说，我觉得自己教育孩子经验没有什么，就是有耐心，遇到事情不焦虑，想办法。爸爸妈妈对孩子心灵成长的作用是点点滴滴、潜移默化的，不好说哪一件事情起了决定性的作用，也不好用数量来衡量。但关于爱关于宽容，关于自觉地完善自身品德的大教育永远不会过时。单凭僵硬的教条不可能完成对孩子的品格塑造，而一些小事情却润物细无声。时刻提示孩子怎样爱，要有好习惯，有信念，有自由的心灵，让孩子承担自己的分量。

我们的中小学教育基础的东西确实非常扎实，但就是缺少一些精神层面上的东西。教育的根本目的是什么？我认为最终是要让孩子们懂得爱，懂得自由，懂得创造，真心热爱自己的祖国，理解和乐于去创造美好的世界，同时学会鉴赏生活，鉴赏人，鉴赏艺术，而且这种鉴赏的眼光不是强制出来的；还要学会与人相处，学会生存。这些都会使人的气质境界产生变化。总之，我认为最好的教育应该是把孩子们对善的向往提升起来，他们在学习独立生活的本事时，还要建立起独立的精神、独立的人格。

木欣欣以向荣，泉涓涓而始流，期望天下所有年轻的爸爸妈妈，珍惜孩子的天性，把教育的目的和实现目的的方法艺术地结合。围绕着焕发孩子的心智、良知展开快乐的教育，让我们最亲爱的孩子幸福成长。

**图书在版编目（CIP）数据**

孩子，妈妈一定有办法/秦文君著．－北京：作家出版社，2010.7

ISBN 978－7－5063－5464－6

Ⅰ.①孩… Ⅱ.①秦…Ⅲ.①家族教育 Ⅳ.①G78

中国版本图书馆 CIP 数据核字（2010）第 130515 号

**孩子，妈妈一定有办法**

**作者**：秦文君
**责任编辑**：王淑丽
**装帧设计**：曹全弘
**插图**：曹全弘
**出版发行**：作家出版社
**社址**：北京农展馆南里 10 号　　**邮码**：100125
**电话传真**：86－10－65930756（出版发行部）
86－10－65004079（总编室）
86－10－65015116（邮购部）
**E－mail**：zuojia@zuojia.net.cn
**http**://www.zuojia.net.cn
**印刷**：三河市北燕印装有限公司
**成品尺寸**：170×240
**字数**：160 千
**印张**：11
**印数**：001－35000
**版次**：2010 年 7 月第 1 版
**印次**：2010 年 7 月第 1 次印刷
**ISBN** 978－7－5063－5464－6
**定价**：20.00 元